知识生产的原创基地
BASE FOR ORIGINAL CREATIVE CONTENT

颉腾商业
JIE TENG BUSINESS

领导者成长的8个阶梯

[美] 卡拉·哈里斯（Carla A. Harris）◎著
蒋洁◎译

LEAD TO WIN

HOW TO BE A POWERFUL, IMPACTFUL, INFLUENTIAL LEADER IN ANY ENVIRONMENT

中国广播影视出版社

图书在版编目（CIP）数据

领导者成长的8个阶梯/（美）卡拉·哈里斯著；蒋洁译. -- 北京：中国广播影视出版社，2023.12
ISBN 978-7-5043-9151-3

Ⅰ. ①领… Ⅱ. ①卡… ②蒋… Ⅲ. ①领导学 Ⅳ. ①C933
中国国家版本馆CIP数据核字(2023)第245810号

领导者成长的8个阶梯
Lead to Win: How to Be a Powerful, Impactful, Influential Leader in Any Environment
[美] 卡拉·哈里斯（Carla A. Harris） 著
蒋洁 译

策　划 颉腾文化
责任编辑 王萱 王钰
责任校对 龚晨

出版发行 中国广播影视出版社
电　话 010-86093580 010-86093583
社　址 北京市西城区真武庙二条9号
邮　编 100045
网　址 www.crtp.com.cn
电子信箱 crtp8@sina.com

经　销 全国各地新华书店
印　刷 文畅阁印刷有限公司

开　本 650毫米×910毫米 1/16
字　数 153（千）字
印　张 14.75
版　次 2024年1月第1版 2024年1月第1次印刷

书　号 ISBN 978-7-5043-9151-3
定　价 79.00元

致我的女儿达科塔和麦金莉：

愿你们成为伟大的领导者，

并意识到这是你们内在本具的能力。

赞誉 | PRAISE

吴朝晖　富美实（FMC）中国区总裁，北亚区业务总监

在目前充满不确定性的环境下，领导力的定义和发展路线也在改变。这本书非常值得推荐给不同的领导者，请他们放在床头柜上或者书房里，在感到困惑和焦虑时翻开，作者积极实用的见解对管理当今时代的挑战是非常有意义的。

殷澈　群邑旗下 EssenceMediacom 公司中国区首席运营官

卡拉·哈里斯的新书集合了她作为投资银行家、董事会高管和成长导师积累的实践经验总结的领导智慧，非常有效和具有实践性。尤为让我深感共鸣的是，她指出领导力是刻意的选择，是日复一日积极的自我训练。今天在后新冠疫情时期，我们面临着变化的生活方式、复杂的地缘关系和充满不确定性的发展阶段，这些都对领导者提出了新的要求。我们需要不断发现真实自我，运用包容和多样性，驾驭变化，引领创新。同时，正如卡拉在书中所言：勇气是实现这一切的关键。

张珺　谷歌大中华区营销与解决方案团队副总裁

领导力一直是我们工作中经常谈论的一种能力。当我们在公司中谈论领导力不是一个授权的头衔而是能力时，很多人会觉得领导力太虚无，但是卡拉通过这本书把领导力在职业生涯各个阶段的表现实化了。能获得并且使用书中这些“领导力宝石”的人，我相信你们在各自专长的领域都会成为卓越的领导者。

钟路音　GE 医疗中国首席传播官，GE 医疗全球多元平等和包容文化中国负责人

在当下不确定性激增的时代，这本书恰逢其时地分享了变革型领导者在引领团队走向未知时所需要的一些新的特质。透明、同理心、包容以及与社群关系的建立等这些在过往可能看似比较“柔软”的标签，为新时代的领导者带来了全新的视角和思考。如果你想在不确定性中带领团队走向成功，卡拉·哈里斯的这本书值得你拥有。

亚当·格兰特　《纽约时报》畅销书第一名《重新思考》作者

卡拉·哈里斯知道如何打破职场天花板，开辟新的道路。这本实用的书彰显了她堪称楷模的职业生涯中的领导智慧。本书阐明了领导者如何变得更有目的、更有效和更具变革性。

詹姆斯·凯什　博士，哈佛商学院名誉教授

与研究领导力的人相比，卡拉的“刻意领导”珍珠是基于她的个人经验以及她与行业领导者在竞争激烈的运营环境中筹集资金时的合作经验。她的见解和策略将为处于不同发展阶段的领导者做出

巨大贡献。

罗宾·华盛顿　Salesforce、Honeywell、Alphabet 董事，吉利德科学前 CFO

作者分享了她在 21 世纪受新冠疫情影响的环境中发挥强大领导力的领导智慧。她对刻意领导的关注是深思熟虑的、实用的和可执行的。无论是你已经成为高管或初创公司的创始人还是你渴望在任何场所领导他人，这本书都是你成功领导的秘诀。请将这本有见地的书添加到你的必读书中。

加比·苏兹贝格　国际咨询公司 Teneo 公司 ESG 主席

卡拉的新书必将成为走在变革型领导者发展道路上的高管的必读书。战术性和务实性，基于她在竞争性行业数十年的经验，卡拉的建议和指导以及成长路上宝贵的“领导力宝石”，是所有从管理者到领导者的旅程的路线图。对所有了解从执行到授权的重要性的领导者来说，这本书值得反复阅读。

卡洛琳·克拉克　《吸取教训》作者，黑人企业女性权力联盟联合创始人

卡拉·哈里斯是一位才华横溢、魅力四射的高管，她的能言善辩溢于言表。在本书中，她还提供了在充满不确定性和挑战的时代所要求的坦率、远见和深刻的反思，为成功驾驭我们以前不知道的商业环境打造了一部可资借鉴的剧本。

谢利 · 阿尔尚博 《财富》500强企业董事，《雄心勃勃》作者

有效领导的规则已经改变，领导者将以前所未有的方式倾听、参与并采取行动。在本书中，卡拉·哈里斯为你打造了顺应这一变革时期的剧本，以便你能领导他人并取得胜利。

麦克 · 海特 行政领导委员会总裁兼首席执行官

成功地领导一家成长型公司需要出色的领导力。在本书中，卡拉·哈里斯为寻求和培养能够对公司产生重大影响的领导者的高管提供了强有力的指导。卡拉强调了将透明度、同理心和改变人的能力作为当今领导力的关键的重要性。

推荐序 | FOREWORD

最近，我完成了一个针对中国女性领导者的专项研究并发布了一系列文章，其中有个专访集合是通过访问了近三十名领导者得来的，名为《行至山顶：看见中国职场女性领导者》。回想当时把关键词定义为“行至山顶”和“看见”，多少有点映射自身在职场中成长的感受的意味。在当前时代背景下，一方面有人指出我们的职场性别平等已经取得显著进步，比如中国职场女性数量全球最多，女性就业率长期高于全球平均水平，甚至在某些企业和机构中，女性获得的培训、福利等都比男性要显著。但另一方面，中国女性在职场上仍然面临诸多挑战，比如在晋升通道上，女性面临中层管理瓶颈和高管职场天花板，不同行业和岗位的性别结构性差异仍然存在，等等。我们看到，职场女性的困境不仅是个体的困境，更是系统和结构化的问题，也正因此，我和一些志同道合的小伙伴们一起发起了很多举措，比如成立女性联盟（WAG），致力于加速中国职场多元包容文化的发展。

看完《领导者成长的 8 个阶梯》这本书以后，我反而意识到领导者所面对的共性问题要远大于性别或任何其他标签带来的差别。成为领导者的旅程，本质上都是一个“发现自我、看见他人”的过程。作者卡拉·哈里斯在华尔街工作三十余年，这期间经历的酸甜苦辣想必不为人道，她却将所思所想打磨成熠熠生辉的“领导力珍珠”，细细揣摩之下，不得不佩服她在实践中获取的智慧是大道至简的一个极佳印证。

我在咨询领域从业多年，团队成员常会半认真半开玩笑地叫我领导，笑闹中我也会发问：到底什么是领导者呢？从初级咨询师到目前作为合伙人多年，有几点认知我在这本书中找到了一些共鸣：

本书第一章中就提到，要从个人贡献者转变为领导者。对这一点我感受极为深刻。以前的我可谓是典型的争强好胜者，凡事都想争第一。时至今日，才能真正理解到：从“非”领导者成为领导者的一个核心转变，就是从一心想让自己闪光到想让别人闪光的转变。职场中的聚光灯闪烁不定，有时候容易偏颇地照在一些声音大的地方。而处在所谓领导地位的人，拥有先天优势来做出贡献和发声，但真正的领导者，反而应该是知道何时让别人站在台前，让他们拥有掌声雷动时刻的那个人。

本书第四章中谈到了“拥抱并承担风险”。我在成为项目经理的那一年才对这一点有深刻理解。领导者的价值贡献方式发生了转变，其中最大的一个标志是需要你做主动判断，而这是有风险的。我见过很多优秀的职场人，他们聪明、有技巧、知道什么场景说什么话，但有时候会让人觉得他们不够有灵魂。细究之下，有个原因是感受不到他们的担当，俗话说就是“没有肩膀”。担当意味着要做选择且要为自己的选择承担所有可能的后果。而一个领导者就是要在大家无法决断的时候，有勇气做出一个存在失败概率的选择，并绝对不会把万一失败的结果归咎于除了自己以外的任何一人。

书中说到的“发现自己的领导盲区”是另一个让我深有感悟的

点。但凡有机会成为领导者的人，大概率是已经在某些场合下证明过自己、被无数次褒奖过的人，所以多多少少养成了自己必须是最好、最对或至少总在讲道理的人这种错觉。这就很容易把自己带进沟里去。为什么说越是伟大的人越是谦卑，归根到底，人生就是一个不断认知自我局限和拥抱不完美的过程，职场更是如此。现在的我，每每意识到自己有短处或者突然发现一个盲区的时候，都有一种欣喜感，并窃窃希冀自己比别人更早地看到这一点。不管是书中提到的“不能迅速完成人事变动”这种失误型盲区，还是一些不为人道的内心小角落，都是用来提醒自己还在成为更好的领导者道路上的路标。

除了以上感悟，书中有一个贯穿始终的概念让我有醍醐灌顶之感：“做一名刻意领导者。”我从没特意思考过这个概念，但是它的底层逻辑让我觉得太有道理了。领导是一种积极的存在状态，“领导者定义、推动并承载着一种文化，是其他人想要为之工作、跟随学习、模仿并最终想成为的人”。当你在领导的时候，你不再只是为自己而战，是为很多看见你、相信你、追随你的人而战。所以，做真实的自己从而能够被信任、建立归属感，这是需要勇气和主动性的行为，需要“刻意”。因为人性中的软弱面，很容易让人退缩到一个更容易和更被保护的位置上，而领导者是需要以保护者的身份出现的。

最后，想起一位我极为尊敬的前辈跟我说过的话。某次遇到挺受挫的事，跟她略带委屈地倾诉，本想得到一些安慰，结果她却告诉我：“别觉得你一个人挑下所有担子就是英雄了。如果你想成为一个孤胆英雄，这里不适合你，你也成为不了一个领导者。只有当你理解了合作和伙伴的力量和相应需要承受的代价后，你才真的成长为领导者了。”她的话我铭记至今。当我看到这本书的一半时，忍不住合上书本盯着窗外的蓝天思索了好一会儿。

好的思想和语言是能让你重新认识自己的。跟人一样，不需要它完美，只要有那么一刻打动你，让你愿意停下来想一想，那就足够了。这本书给了我时不时想停下来想一想的感觉，也希望你开卷有益。

石俊娜

麦肯锡全球董事合伙人，女性联盟（WAG）理事会主席

译者序 | PREFACE

本书的作者卡拉·哈里斯，在华尔街工作三十多年，被评为华尔街最具影响力的黑人女性之一。这本书是卡拉写给职场人的一本关于领导力的书。在书中，卡拉以睿智深刻的语言揭示了领导的本质，并将自己在职场从初级助理一路晋升到顶尖领导职位的经历，凝结成一颗颗领导力珍珠，传授给大家有关领导力的锤炼秘诀。她的坦诚、犀利、风趣、务实通过这本书展现得淋漓尽致。她说："你不会因为某一天被赋予了一个有权力和责任的头衔或职位就自动成为领导。领导力是活跃的，要想成功，我认为你必须每天都致力于成为一名刻意领导者。"同时，她也给出了具有极强操作性的领导者炼成之道：刻意领导、有变革的勇气、有决断力、坚韧不拔、培养洞察力。

卡拉写这本书时，正值新冠疫情在全球蔓延之时，她观察到疫情中居家办公给职场人的心态和行为模式带来的影响，在书中也给出了自己的思考，认为"在许多情况下，雇主和员工之间的'信任'因素已经被重新定义，混合办公模式已经出现"，这些变化都给领导者带来新的挑战，而领导者需要保持信息透明、做真实的自己、融入员工团队，建立与员工之间的相互信任。

卡拉在书中提到，当前年轻的职场人有很多可以自学的平台，因此，他们很看重那些花时间教给他们实战经验的人，那是自学不来的。而卡拉在本书中分享给读者的，正是自己在职场摸爬滚打几十年获得的实战经验。她说：“我相信有些人是天生的领导者。然而，我也相信任何人都可以通过学习成为一名优秀的领导者或杰出的管理者。而且，你可以在任何岗位上领导。领导力不是一个头衔，你的资历并不能决定你的领导力。事实上，无论你以什么为生，你每天都必须有意识地表现得像一个领导者。领导力是一种积极的存在状态。领导者激励最优秀的人才留下并成长。他们定义、推动并承载着一种文化，是其他人想要为之工作、跟随学习、模仿并最终想成为的人。”

卡拉曾任摩根士丹利全球资本市场董事总经理。她拥有哈佛大学学位和众多荣誉博士学位。除此之外，她还是一名福音歌手，发行了四张专辑。有兴趣的读者可以听一听卡拉的歌，她的歌声所传达出的力量与勇气、坚韧与积极和她在本书中想要传达给读者的完全一致。

蒋洁

2023 年 10 月于北京

序言 | INTRODUCTION

在我三十多年的华尔街投资银行家生涯中，我与同事并肩工作，在无数的董事会任职，为无数的非营利组织提供志愿服务，在世界各地进行培训和演讲。在此期间，我完成了数百笔交易，并有机会与来自科技、零售、交通、工业和健康等不同领域的无数位首席执行官密切合作并观察他们。因此，无论经济形势好坏，我都能接触并有机会研究一些伟大的领导者和一些不那么伟大的领导者。我观察到一些非常有效的领导风格，也见过一些非常无效的方法导致的后果。

在我所看到的一切有关领导者的特点中，有一个尤为突出。这些领导者、首席执行官和其他高管大多从未接受过任何关于怎样成为伟大领导者的正式培训或指导。此外，大多数人的领导方式与他们在职业道路上被领导的方式相同，通常采用“要么听我的，要么走人”的态度。

坦率地说，在 20 世纪 80 年代至今的前三十年里，是组织的领导者确定组织规划的。他们发号施令，决定什么时候需要做什么。每个为他们工作的员工都被要求完全按照他们的指示做事，不能提出任何问题。在这样的模式下，领导者往往利用恐吓和威胁进行管理。如果你没有按照领导者决定的方式执行，或者没有按照公司文化的要求行事，你可能会被降职，留在一个没有任何前途的岗位上，或者更为糟糕——被解雇。在这样的领导之下，你永远不会有机会提出不同意见、提供任何建议，或者给出具有建设性的反馈。核心是，你要照我说的做。

有一段时间，这种“要么听我的，要么走人”的领导风格被认为是有影响力且有效的。这一时期没有人才争夺战，产量比创新、便利和价格更受重视。今天的环境不同了，创新是主要竞争指标；新产品的上市速度和直接吸引消费者的能力紧随其后，是在市场中竞争和存活的筹码。

今天的另一个不同之处在于，在写这本书时，我们已经深陷全球新冠疫情大流行中一年半之久。许多员工有机会居家办公，或者选择其他偏远地点办公，而不是坐在写字楼里。对大多数人来说，这是一段充满挑战的时期，封控也给了员工一个机会反思自己的生活、考虑职业选择。他们会问自己这样的问题：“这份工作适合我吗？”“我所从事的职业让我快乐吗？”“我的雇主或老板对我好吗？”

少了来自和同事及经理之间的紧密关系的影响，这种程度的反思至少会让一些员工考虑他们为什么要为某个雇主工作，而其他许多人则在考虑辞去目前的工作。我相信这种思考带来的后果将是员工从一个雇主转投另一个雇主，或者是从公司或慈善工作转向创业。因此，雇主被迫重新评估其价值定位，使得员工愿意为其工作，并且必须在市场上宣传其价值定位，以帮助他们留住最优秀的人才、吸引新员工。

除此之外，我认为公司必须重新考虑，如何奖励和回报那些不仅能有效吸引人才而且能留住人才的人，这与公司以往奖励员工的方式截然不同。在大部分行业，尤其是金融服务业，如果你是一位优秀的“创收者”，每年能够为企业带来数百万美元的收入，你通常是收入最高的人，而那些被誉为优秀经理的人（他们的团队热爱他们，他们是善于发现人才的伯乐，因此他们的团队与公司共同成长）并没有得到同样的重视和奖励。在今天的环境下，随着公司对员工有了新的认识，雇主将不得不以与过去大相径庭的方式来重视那些有领导能力和管理能力的人，这种新的方式更像他们奖励传统“创收者”的方式。

机构开始越来越重视和依赖合作联盟，而不是独断的想法和产品。技术改变了游戏规则，并教会了其他行业开源和伙伴关系的价值。因此，公司不能再仅仅依靠内部人才参与竞争，更不用说引领竞争了。为了建立伙伴关系、吸引合作者、维护关系以及更为重要的吸引和留住更优秀的人才，你需要成为另一种风格的领导者。如果你想要鼓舞有才华的专业人士选择在你的公司工作，想要有创新的力量，你必须能够参与他们的圈子，给他们灌输思想以及对他们进行指导和激励。要领导当今的商业和慈善，需要你有勇气做真实的自己，建立信任，关注多样性并坚韧不拔。

过去的领导者，尤其是公司领导者，需要考虑三个群体：股东、客户和员工。现在出现了第四个群体，而且是一个主要的关注焦点——社群。有了社交媒体的武装和助力，社群可以使用这个强大的工具，在几分钟内扳倒一个花了几十年建立的连锁品牌。组织面临需要持续创新的压力，加上地缘政治的不确定性、网络安全威胁、社交媒体和人才争夺战，领导者要承受的压力似乎无穷无尽。即使一个组织已经制定了坚如磐石的竞争战略，其资产负债表也很坚实，但它的文化仍然面临持续的威胁，例如一个不良行为者带来的影响，领导丑闻或者判断失误导致的来自激进组织的威胁或客户关系遭到损坏。

那么，今天如何才能有效地领导他人呢？作为领导者，如何保持警醒？如何保持精力坚持到底？如何在众多压力和威胁中冲出重围、取得成功？

在这本书中，我将讨论成为领导者的旅程以及成功所需的一些基本技能，包括冒险的重要性，创造愿景，利用诸如人脉和伙伴关系等资产。这本书的核心是我的十颗“刻意领导”珍珠：

#1 领导力是一段从执行到授权的旅程。

#2 人们对你作为领导者的感觉会影响他们的表现和成果。

#3 选择正确的团队，这对你的领导成绩起决定作用。

#4 在你的成功方程式中没有恐惧。领导者为了成长而冒险。

#5 没有人能仅仅依靠自己。善用他人的才智、人脉和经验，建立自己的人脉，将推动你成为一名成功的领导者。

#6 不是有了头衔你就能成为领导，你必须刻意去领导。

#7 在今天，领导他人需要有能力转变他人、形势和你自己。

#8 可见性、透明度、决断力和同理心将帮助你做有效领导，度过危机。

#9 每个人都有盲点。找到你的盲点，优先消除它。

#10 强洞察力会让你专注和实现未来，而不是现状。

无论你在哪里工作，要成为一个强大、有影响力的领导者，这些都是你需要关注和展现的特质。

最后，我将讨论刻意型领导者的特征，变革型领导者的关键特质，以及我从领导层中看到的可能阻碍或损害领导者效率的不足。你不会因为某一天被赋予了一个有权力和责任的头衔或职位就自动成为领导。领导力是活跃的，要想成功，我认为你必须每天都致力于成为一名刻意领导者。

在创收为王的文化中，比如金融、技术、销售和市场，人们得到的奖励不仅是丰厚的报酬，还有晋升、职称和有权力的职位。很少有人考虑他们是否有技巧和能力来指导、驱动和激励他人，使人们的表现超出他们自己的想象。然而，有技巧和能力指导、驱动和激励他人的人才是当今的竞争环境所需要的领导者。

伟大的比利·简·金（Billie Jean King）[①] 有句名言："压力是一种特权。"毫无疑问，如果你选择接受领导职位，坐在领导的位置上，你会有压力——有效领导的压力，使组织发展得更好的压力，以及使为组织工作的人价值提升的压力。

我相信领导是一种特权。在《领导者成长的 8 个阶梯》中，我将为你提供成为一名强大、有影响力的领导者所需的工具，让你可以在任何位置上领导并向胜利迈进。

---

① 比利·简·金：生于 1943 年，历史上最伟大的女子网球选手之一，她在职业生涯中赢得了 12 个大满贯单打冠军、16 个大满贯女双冠军和 11 个大满贯混双冠军。——译者注

CONTENTS | 目录

01

第一章
从个人贡献者转变为领导者

第一颗领导力珍珠

领导力是一段从执行到授权的旅程。

你会翻开这本书，是因为你渴望成为一名领导者。你职业生涯的开始，一般是作为刚参加工作的个人贡献者。你的职责是他人分配的，你的具体行动是他人指示的，你的工作是弄懂并执行交给你的任务。换句话说，你的工作是“做”，而不是“设定”，你得完全按照他人的指示行事。

有时你接到一个任务，需要你加进自己个人做事的风格。有时，你需要以混合的方法执行任务，做一些要求你做的工作，加上一些你认为自己必须做的工作。但在大多数情况下，作为个人贡献者，你必须努力实现预先设定的结果。你的绩效评估可能会较少关注过程，而更多地关注你在多大限度上或者有多严格遵照了上级指示。简而言之就是你的工作完成得如何。

作为个人贡献者，你一般不负责管理或领导其他人。通常，没有人向你汇报工作，你不必将任务分配给他人，不必指导他人，也不必对他人的职业发展负责。你不用操心资源管理、人员优化，也不用考虑外部群体的关注或需求。

虽然你的工作或贡献对公司很重要，甚至可能对公司的盈利能力和竞争力起到关键作用，但你的报酬只和你的产出挂钩。你只会获得你完成工作所需的资源。你不用考虑平衡股东、员工、客户、高管或其他利益相关方的需求。你的工作就是创造一个结果。

当作为个人贡献者获得更多成功时，你将建立良好、正面的口碑。处于领导地位的人开始注意到你，考虑让你成为领导候选人。公司开始询问你是否有兴趣晋升为领导。在大多数组织中，当你扮演好了个人贡献者的角色，下一步就是管理其他人。对你是否够格担任领导职务的评估，有一部分集中于你在个人贡献者的岗位上是否展现出领导力：你是否有主动性，是否知道如何发现和利用机会，是否有能力建立关系，是否愿意承担风险。

领导力是一段从执行到授权的旅程。作为领导者，你的角色从单纯完成工作变成致力于为其他人提供他们所需要的工具、资源、经验和机会，以帮助他们发展、提升各自的领导技能。当然，有些任务和决定只能由作为领导者的你来做出，但作为领导者，你的时间应该用于预判和你共事的人的需求，以及你所服务的客户、所涉群体和其他利益相关方的需求。

在职业生涯中前进，有一点非常重要，就是在执行任务的同时，你也要寻找引领的机会。那些评估你的人常常会关注你有领导力的表现，或者你有当领导的愿望和抱负的表现。

你必须主动寻找机会，这是关键。上级不会告诉你，他们正在观察和衡量，看你是否有潜力成为一名领导者。用来评估你领导力的“测验”包括你在日常工作中表现出了多大的主动性、你是否能发现并利用好引领的机会。

艾莉森曾经准备过一个演示，是为她公司最大的客户之一做的新营销策划，这个策划能显著提升客户数字营销活动的效率。对她的公司来说，这是一桩利润丰厚的业务，项目推入市场的时间安排得很紧凑。在新项目试行之前，每项任务都由团队中的合伙人严格把控、发出指令。尽管艾莉森已经和客户在多个项目上合作了一年多，与客户对接人及高层领导有着良好的关系，但此前与客户的所有沟通都是通过她团队中的高级合伙人进行的。

艾莉森完成了这个项目，并认为她提出了一个出色的解决方案。她非常想知道客户对此的反应是否积极。她想给对接人打电话，希望在继续推进既定方案之前，私下了解一下对方反应。她意识到，虽然这么做能显示自己的主动性，但可能会激怒高级合伙人，后者会认为她是在绕过他做事。另外，她认为这将展现出强烈的前瞻性思维和主动性，并可能使己方有机会在会议之前，利用非正式的反馈对解决方案做必要的完善。

于是，艾莉森给客户对接人打了电话，对方给了她重要的反馈，促使她彻底修改了公司最初的解决方案。当团队去做演示时，客户爱上了他们的方案并和他们签约。当艾莉森的老板问她，在收到的客户指引如此少的情况下，是如何产生与客户目标高度契合的想法时，她心怀忐忑地告诉老板她私下打的那个电话。艾莉森坦诚告诉老板这件事，因为她知道坦诚、透明是建立信任的关键。到目前为止，她的老板显然很信任她，她不想破坏这种信任。事实上，她希望在告诉老板她所做的一切之后，这种信任得到加强。

当老板表扬艾莉森的想法、她主动获得初步反馈的行为以及与客户合作生产令他们感到兴奋的产品时，艾莉森非常激动。年底，在合伙人讨论升职人选时，这一事件成为一个例证，证明艾莉森已经可以胜任部门的领导角色。为什么呢？首先，她展现了自己有能力承担值得冒的风险；其次，她通过联系对接人来获取有价值的信息，展示了人际关系技巧；最后，她通过改变既定演示方案，展示了自己的主动性。所有这些特质，都与领导者应当具备的特质相似。

让我们想象一下，假如艾莉森行事谨慎，决定不听从自己的直觉，不去冒惹恼合伙人的风险，艾莉森的团队可能会按照最初的方案进行演示，那就不会从客户那儿得到同样热烈的赞赏。这样一来，客户可能不会和他们签约，或者至少他们会面临其他竞争对手的挑战。此外，不会有例子证明艾莉森拥有领导者的四个主要特质中的三个——愿担风险，有主动性，有接近客户、与客户合作创新的能力。那么，在合伙人讨论艾莉森的能力是否能胜任领导职务时，就不会得出那么清晰的结论。

你利用引领机会的能力是成为领导的关键一步。毫无疑问，这有一定风险，你可能会对某个机会产生误判。你可能得冒着“反作用”的风险，让上级感到不快，觉得你越过或者挑战他们的决策权。你还得冒着错失良机的风险，或者冒着结果和你想的不一样的风险。然而，以我的经验，站出来展示你的领导能力带来的好处，总是远远大于事情搞砸的风险。

领导力宝石：

领导力并不代表总是保持正确，而是要有勇气去承担风险，向前走，保持干劲，如果失败了就重新来过。

如果作为个人贡献者，你的工作是按照他人的期望去行事，那么作为领导，你的工作就是为项目设定目标、目的和结果，同时为他人设置明确的期望，最大限度地利用手头的资源（人力、财务和技术）。你有责任发现潜在的差距和挑战，并将过程、结果和组织中可能发生的任何潜在风险降至最低。虽然你可能也参与执行，但是你的主要责任是制定日程，确定需要完成什么，由谁来完成，有时甚至是如何和何时完成。

在你转型成为领导后，从宏观视角去看待你的组织非常重要。你需要了解预算是如何做出的，资源是如何分配的，谁做资源分配决策，组织中其他优秀的执行者有谁，利益相关方有谁。除了决定什么工作需要完成之外，作为领导者，你的职责还包括了解你的项目如何与组织的其他重要事项相适配，需要动用哪些资源，达成目标需耗费的成本。了解你需要的资源种类和项目成本，是制定高效的任务和日程的关键。

我公司一位伟大的领导总是说："像老板一样思考。"这让我觉得，一旦我成为一名领导者，就必须考虑股东价值等因素。这不仅意味着公司收入最大化，还意味着利润最大化及成本最小化。在努力完成一项工作的同时，我还必须注意恰到好处地投入资源，避免浪费。

了解公司领导的职责这件事，开始得越早越好。因为随着你的进步，会展示出你对其中一些事情的理解，这会让人觉得你自己也有兴趣成为一名高级别的领导。当然，如果你没有表现出这样的兴趣，其他人会认为要么你对在组织中的晋升不感兴趣，要么你压根儿不是当领导的料。

在我职业生涯的早期，我认为未能展示对"超出我工资范围"

事务的好奇心，导致了人们对我的负面印象。我承认当时的我过于短视，只关注那些明显属于初级助理职责的那部分事情。我太专注于处理这些任务，以至于没有意识到，表现出我有兴趣去研究初级助理职责之外的东西是很重要的，这么做可以创造积极的印象。

当时我在公司的并购部门工作。并购交易的一个重要组成部分是费用函。费用函载明了并购顾问（投资银行）和聘用投资银行的客户之间的条款和条件。费用函不仅告知客户投资银行将就完成交易收取多少费用，还包含重要的交易概念，例如赔偿、终止费、执行交易所涉及的任务，以及可能收取的任何不确定或额外的费用。

在我做助理的第二年，总经理让我起草一份费用函。我完全不知道他在说什么。当然，我可以从费用函的条款中推断出他的意思，但我不知道该从哪里入手，不知道去哪儿找一份费用函的模板，不知道像这样一个交易应该收多少费用，也不知道与此相关的其他任何事。在我做助理的第一年里，没有人向我解释过费用函的关键组成部分是什么，我也从来没有问过。我只是一直埋头做模型和分析，从未停下来去想一想其中的奥秘。我不知道我们是如何拿到这笔生意的，公司拿到这笔生意后发生了什么，我们以什么方式、什么时间谈拢交易的价格。

我只专注于我的那一小部分工作。当我开始询问什么是费用函以及如何起草费用函时，从总经理的表情中可以明显看出，他对我感到惊讶和失望，作为一名已经进入第二年工作的助理，我居然不懂交易中最重要的一环。更糟糕的是，我对我们是如何获得报酬的一点都不了解，甚至连想要去了解的好奇心都没有表现出来。不用说，从那次经历之后，我将学习费用函的所有关键条款作为自己的工作，包括学习可能导致公司上调或下调收费金额的细微差别或特殊情况。虽然我再也没有犯过那样的错误，但显然我必须加倍努力，以改变总经理对我、我的职业道路、我对晋升的兴趣以及我的领导能力的看法。

推销愿景

伟大的领导者创造他们希望他人追随的愿景。他们创造能让其他人接受愿景的论点，使得愿景对那些必须认可它、拥抱它和践行它的人具有吸引力和说服力。要推销一个想法，你必须思考为什么这个想法对部门、组织或参与其中的人来说是美好的。你需要回答以下问题：

- 组织为什么要这样做？
- 组织如何从执行这个项目中受益？
- 客户如何受益？
- 员工或股东会受益吗？
- 它会令当前流程更有效率吗？
- 它节省资源吗？
- 它会服务或帮助到更多人吗？
- 这个新产品或新流程是否会让组织在其垂直领域或所属行业中处于领导地位？
- 它会让组织更有竞争力吗？

重要的是要注意，你为你的团队或组织带来的每个项目或每份努力都有受益者，这个受益者所得到的收益必须大于你的。作为一名领导者，你必须时刻考虑自己的决定对他人的影响。理想的情况是，你提出的任何想法都是可扩展的，并将使大量的客户、股东或者员工受益。我想不出有哪一个成功的领导力愿景没有对他人产生良好影响。

领导力宝石：

每一个领导力愿景、想法和决定都会影响他人。

无论你是教师、牧师、教练、上市公司或非营利组织的首席执行官、首席运营官、首席财务官、值班经理、主管、经理、市长、州长或国会议员，没有任何握有领导权的人会在真空中做决定。作为一名领导者，你所做的每一个决定都将影响他人。问题在于：谁会受到影响，受到什么样的影响？他们会赢还是输？它对组织起到的是提升作用还是威胁作用？它会让组织内外的人过得更好吗？它会使人们的工作更困难、更容易还是更有趣？你所做的每一个决定都会产生影响，这就是领导力的本质。

你如何将你的想法发展成愿景，决定如何推动组织向前发展的灵感就在你身边。如果想要你的组织发展顺利，你的灵感可以来自以下问题：

- 我们能做些什么来为股东创造更大价值，比如股票价格上涨，更高的股息率？
- 在竞争中，我们怎样才能提高市场份额？
- 我们能做些什么来提升我们的竞争优势或创造新的竞争优势？

- 我们怎样才能保持公司未来的领导地位？
- 我们如何更好地为顾客服务？
- 我们如何让我们的员工生活得更好？
- 如果我们现在再创建公司，我们会采取哪些不同的做法？
- 哪些过往的实践导致我们今天的做事方式？我们应当如何改变？
- 我们应该寻求什么样的伙伴关系来更好地发挥优势或进入一个新领域？

如果你的公司正处于竞争的艰难时期，那你的愿景可能会受到以下问题的启发：

- 我们怎样才能扭转我们的竞争表现？
- 我们怎样才能创造一种环境，让最优秀的人才愿意留下来或者吸引其他人来此工作？
- 我们如何改变关于我们发展轨迹的叙述？
- 我们如何说服利益相关方重新信任我们？
- 哪些业务需要的投资最大？
- 我如何优先考虑公司当前的需求？
- 我有没有将资源合理分配到最需要的业务领域？
- 我应该考虑与竞争对手或其他实体合作吗？
- 我们是应该通过内部发展让自己更有竞争力，还是应该通过收购？
- 我们应该对一家创新型新兴公司的管理团队进行“人才收购”吗？

一般来说，你作为领导者的愿景可以从竞争中得到启发，从为员工、为公司生存和确保未来做最好事情的愿望中得到启发。请注意，前述问题都与你是谁或你个人能从中获得什么无关，而是与你能做些什么来为当前的股东、员工或未来成员提升价值有关。如果你的愿景仅仅由你的个人利益驱动，那么它就会受到你自身能力或恐惧的制约。

如果你是一位首席执行官，董事会将指望你制订和提交一份战略计划，能够在竞争环境和有限的财务、技术、物质和人才条件下，为股东创造最大价值。虽然董事会可能对如何提高股东价值有自己的看法，但他们会听取你对应该做什么、执行时间表、所需资源、所涉风险以及如何解决“可能会出现的问题”的意见。如果你是一家组织的领导者，组织的首席执行官将希望你为一部分战略计划的执行制定愿景，你得回答那些与你那部分计划相关的问题。

如果你是一家私营公司的首席执行官、大学校长或者非营利组织的领导，你的董事会、校董或顾问委员也将会期待你确定组织未来的愿景。他们希望看到你证明自己的确是一名能将委托给你的财产管理好的人才。对于私营公司，尤其是处于成长初期的公司，投资者会密切关注你的投资记录，看你如何利用筹集到的资金为公司创造更大价值。

如果你的公司在一轮又一轮的融资中估值没有提高，并且没有外部市场事件对该领域的公司产生影响，那么你后续的融资会很困难，因为你没有明智地使用上一轮融来的资金。作为一所大学的校长，如果你不能利用已经筹集到的资金吸引来更多学生、引进更多著名学者或者产生了供营利性实体使用的研究成果或产品，那么你在这所大学领导岗位上的威信将会削弱。

当你为想要做的事情制定愿景时，你必须考虑两个重要的问题。愿景是否具有变革性并为组织提供了新想法？或者它是进化性的，是一种新的但本质上是组织内部已经存在的想法或流程的下一个迭代？

回顾自己在华尔街三十多年的工作经历，重温我与各行各业客户的数千次对话，以及我作为领导或只是作为小规模讨论会的一名参与者所参加的团队内部讨论，很深刻的一个印象是很少人拥有真正原创的想法。我并不是出于自己的傲慢自大讲这一点，我真的认真倾听了一些讨论，会议室里的许多讨论都是已经重复说过的或者是要求被解释的问题。

此外，当这些新想法被提出时，如果它们真的是“打破常规”的，大多数参与讨论的人都很难理解这些想法。通常要把这些新想法解释好多次。在某些情况下，人们需要开好几次会才能理解新想法，然后才决定下一步怎么走。因此，我得出了一个结论，正如我在我的另一本书《战略取胜》（*Strategize to Win*）中提到的，如果你想让你的组织采纳和执行具有变革性的愿景，你必须“教育和推销”。你必须先描述出你的想法，解释它是如何发挥作用的，是什么促使它产生作用，它带来的结果或产出会对组织产生什么样的影响。人们理解了你的想法之后，你还必须结合它将如何提高组织绩效、提升竞争力或者为股东和员工创造更大价值这些内容推销它。你必须从每个成员的角度来推销、推销、再推销。

另外，如果你的愿景是进化性的，那么作为领导者，你必须表明当下正是更新、重启或改善的好时机。此类愿景一般更容易推销，因为组织已经接受了它的概念，现在只需确信在更新上的投入将产生巨大回报即可。

在你从个人贡献者到领导者的进化过程中，推销愿景是你要做的最重要的事情之一。如果你是在组织中做了很长一段时间的个人贡献者，很可能没有多少人认为你是一名潜在的领导者。展现你创造和推销愿景的能力是你所能做的最让人刮目相看的事之一。这会让其他人看到你的成长，并开始认识到你是当领导的料。

决定造就优秀领导者

从个人贡献者到领导者的领导力之旅的下一站是果断。几年前，我有幸聆听了时任亿贝（eBay）首席执行官的梅格·惠特曼（Meg Whitman）在一次会议上的发言。她说的一句话“不作为的代价比犯错误的代价更大”，直到今天都萦绕在我的脑海中，对一名优秀领导者来说，这句话格外有道理。你必须果断，这是领导力的必备条件。

作为个人贡献者，你需要做的是收集数据、与他人协商、审慎思考、深入研究，最终向决策者展示你的成果。事实上，很多情况下，你会因为创建和执行一个完整的过程有所收获，而其他人甚至包括你自己可以据此做出决定。你的成功程度一般与收集数据的过程有关，而与最终结果无关。

然而，当你从个人贡献者转变为领导者时，你果断处理事件的能力和最后做决定的意愿将是你取得成功的关键。评价标准在于你是否做出了正确的决定，而不是你是否通过正确的研究或处理得出了结论。作为领导者，你做的决定有时会出错。其他人可能会试图去理解你是如何做出这个决定的，但重点是决定本身，这个决定最终是由你拍板的。

无论好坏，果断都是伟大领导者的标志。在军队中，领导力和培养领导者都非常重要，士兵被教导要“以自己的名义”下达命令，即使是接到将军的命令，上校也不会说“将军说……”。相反，上校使用自己的权力下达命令，从而为任何行动负责。

当你选择坐在领导的位置上，你就接受了决策的责任、与其伴随的荣誉、惩罚以及随之而来的后果。我在华尔街工作的时候，见过一些处于领导地位的人做出的决策没有达到预期效果，并看到他们立即将糟糕的结果归咎于他人。他们指责副总裁没有指导或检查助理的工作，或者指责分析师没有对模型加以验证。他们责怪任何人，除了他们自己，他们自己不对失败承担任何责任。这不是领导不力的例子，这是没有领导力的例子。伟大的领导者对结果负责，无论结果是什么，即使是由于他们收到的信息导致了错误的决定。一位优秀领导者的立场永远是“是我拍板的，这件事就发生在我眼皮子底下，最终责任在我”。

当领导者不能为结果负责时，下属失去为他们工作的信心和兴趣是很常见的。当一名领导者反复指责别人的失败时，随着时间的推移，最有才华的初级员工会选择去其他团队工作。最终，这种领导者难以召集到最好的团队成员。

领导力宝石：

糟糕的领导者造成无法吸引和留住优秀人才。

索尔被公认是一家大型公用事业公司最聪明的副总裁之一。他晋升很快，现在负责管理公司正在进行的三个非常引人注目的项目中的几个团队。其中一个项目的截止期限临近，必须得到市议会的批准后才能继续推进。

在向市议会提交报告的前一天晚上，索尔发现了一个计算上的巨大错误，这将导致公司的投标方案增加数万美元。纠正了这个错误之后，公司的投标方案可能没有足够的竞争力来赢得项目。索尔本应在一周前检查数字，但由于他正在处理项目上的另一个事务，因此没有做检查。当他发现错误后，他去找在公司中同样享有超级明星声誉的初级经理，并且在其他团队成员面前大发雷霆。他当着同事的面将那个年轻人痛骂了一顿。

项目演示进行得不太顺利，公用事业公司没能拿到项目。索尔对部门丢掉生意的事大做文章，将年轻经理犯的大错告诉了他所有的上司。索尔从未提及他自己应该至少在一周前对这项工作进行审核，而这将为公司争取到时间考虑替代方案，以使得投标方案具有吸引力。那位年轻经理觉得根本无法从错误的打击中恢复，几个月后就离开了团队，并最终在几个季度后离开了公司。索尔在公司内部招人来填补这一职位空缺，但无人应聘。他无法从公司内的其他部门招聘到初级员工，因为索尔为自己制造了一个“推卸责任”的名声，他不支持他的团队，对项目监督不力。公司其他年轻员工都不愿意和一个在事情出错时会不公平地指责他们的经理共事。

在今天的环境下，千禧一代和 Z 世代更愿意为那些在他们身上投入时间的经理人工作。事实上，我认为他们比婴儿潮一代和 X 世代更重视个人发展。这并不奇怪。年轻的职场人有很多可以自学的平台，比如谷歌、YouTube 或领英。因此，他们真的很看重那些花时间教给他们实战经验的人，那是自学不来的。

此外，由于数字通信使得信息共享变得如此容易，因而那些名声不好的管理者的曝光速度要比以前快得多。如果有一位很难共事的经理或高级领导，只需一名初级职员给自己的“同事社群”发送一条短信或一封电子邮件，该社群链条上的每个人就都知道要避免与那位经理或高级领导共事。二十年前，在一名经理成为众所周知的“要避开的老板”前，会有四五个人有同这位难相处的经理共事的不幸经历。在某些情况下，由于婴儿潮一代和 X 世代不像千禧一代和 Z 世代那样分享信息，那种口碑可能永远不会被广泛分享或巩固。结果就是，难缠的经理有机会毁掉很多优秀的人才。考虑到这些事实，就不难理解为什么金融、技术和工业工程等行业以缺少优秀的经理或培训而著称，以及为什么那些可能是优秀的创收者却是糟糕的领导者的经理能够持续担任领导职务如此之久。

建立关系

我所知道的一些成功的人，更不用说领导者了，他们都拥有大量的人脉。他们在职业生涯的早期就明白，他们不需要成为房间里最聪明的人，也不需要知道一个话题的一切。相反，他们所需要做的只是认识一个有正确信息、有正确答案或者能够成事的人。

你可能听说过这句话："重要的不是你知道什么，而是你认识谁。"人们在组织中晋升的途径之一是通过口碑——他们认识谁以及他们获得的评价。举个例子，假如你从事客户服务或其他对外工作，例如销售、市场、财务或者咨询，让接受你服务的人谈论你多么好是格外有价值的。

建立和利用关系网是通往领导之路的另一个重要步骤。没有人能独自成功。领导者需要利用他人的才智、经验和人脉来成功执行任何项目或企划方案。我们将在以后的章节中更深入地研究如何建立人脉，但值得注意的是，当你从个人贡献者转变为领导者时，拥有一个能够支持你上升到领导位置的人际关系网对你的成功至关重要。

作为一名个人贡献者，你不能太专注于自己的表现而忘记建立人脉。在我的职业生涯中，我见到许多人在职业道路上的进步，是借助于客户或者其他有影响力的人在公司高层前对他们做出的高度评价。每一次，都让他们变得更有影响力，薪酬提高，或推进他们的职业发展。当这一切是自然发生的时候，最为理想。但我也见过有人专门请求客户或其他人"为他们美言几句"。我并不建议你采用这种策略，但你确实希望它有发生的可能。如果不能发展这些人际关系，你的晋升将会受阻。然而，一旦你成功建立了人际关系，你的职业发展也会变得高效。

在作为个人贡献者工作了几年之后，那些渴望成为组织中领导者的人往往会四顾茫然，发现他们并没有可以利用的人脉来获得新的机会或者被考虑担任领导角色。他们一直忙于处理直接的工作任务，以至于无暇去思考自己的角色如何适应更大的组织，或者对它是如何运转的表现出好奇。虽然作为个人贡献者，展示你能胜任这份工作很重要，但你必须同时经营你当前工作附带的人际关系。

领导力宝石：

绩效为组织内部的升调创造了机会，但实现和驱动升调发生的是人脉。

你在整个组织中的人脉越多，当你的名字在有关重要领导角色的闭门讨论中出现时，你就能从各个推荐人那里得到更多的支持。此外，你还可以有更好的机会谈论自己的抱负和职业规划。

参与企业范围内的团体和活动，例如招聘、员工资源小组、志愿者工作和跨部门项目是建立人际关系网最简单的方法之一。经常这样做不仅能让你有机会磨炼自己的领导技能，还能让你有机会与企业中其他部门的人一起工作，建立关系。

作为投资银行的一名年轻助理，我一加入公司的并购部门，就全身心地投入公司的招聘工作中。这让我有机会前往全国各地的大学校园，与我的同级同事以及来自公司财务、销售和交易、研究和资本市场等领域的资深人士一起面试候选人。

在做并购项目时，我经常需要联系研究部门的人，他们可以给我提供类似公司的名单；联系资本市场团队的人，他们可以帮助我更好地理解交易模型；联系销售和交易部门的人，他们可以让我从投资者的角度看问题。我联系的是谁？是和我一起出差去波士顿都市区的剑桥市，到我的母校哈佛大学进行本科或商学院校园招聘的那些人。

后来，当我想转行做资本市场时，我有认识我和可以给予我帮助的人脉。正如我前面提到的，在招聘时我经常与公司的资深人士一起面试和推荐应聘者加入公司。我敢肯定，那些资深人士中的一些人在关于我是否有资格转到新职位和升职的闭门讨论中发挥了作用。

这是你自己和你的团队

最后，作为一名个人贡献者，你主要在服务两个群体：你自己和你的团队。你自己是产生结果的过程的一部分，你对你的团队负有责任，要尽你的力量来确保结果是好的。你用成事的能力为自己服务，获得好的评价、丰厚的报酬、升职，最终在那个岗位或你的职业生涯中取得成功。然而，作为一名领导者，最重要的是明白你所做的不仅仅影响你的业绩、事业上的成功和在组织中的晋升，还会影响其他六个核心群体：（1）你的团队，即执行你的愿景并将你的计划付诸实现的人；（2）你的上司，你向他汇报工作；（3）你所在的组织以及与你的部门一起工作的人，他们与你息息相关，依赖于你团队的执行和产出能力；（4）你所在的组织的客户；（5）当你的公司表现良好，产生利润、市场份额扩大、技术提高或超越竞争对手时，最终受益的股东；（6）捐赠者，他们将自己辛苦赚到的钱捐献出来，使你所在的慈善组织的帮扶对象受益。

从个人贡献者到领导者的转变对任何人来说都可能是最为艰难的转变之一。如果你同我们大多数人一样，多年来一直关注个人利益、风险和潜在损失，你甚至可能不了解每个利益相关方的利益得失。当你寻求成为领导者时，你必须花时间去更多地了解所有群体成员，了解他们最关心的是什么，了解他们对你在领导位置上的成功是如何定义的。

例如，你的团队会关心你如何帮助他们发展职业能力，如何分配任务和职责，给予什么样的报酬，他们会关心你作为领导是否公平，以及与组织中的其他领导相比，你的地位和口碑如何；你的顶头上司会关心你如何执行任务，做出强有力的决定，让他自己看起来是位伯乐，因为他聘用了你；客户会关心你是否为他们提供了最好的产品等诸如此类的问题。作为一名领导者，在为每个问题寻求最佳解决方案的同时，时刻把不同群体的需求放在心上对你的成功至为关键。虽然结果并不总是对每个人都平等，但作为领导者，你的职责是追求对所有利益相关方都尽可能有利的结果。

这是你必须确保你没有埋头从事团队其他人可以处理的工作的原因之一。作为领导者，你的注意力必须放在问题的解决上，这样你才能为所有群体想出最好的解决方案。作为个人贡献者，你可以专注于手头的微观工作，但作为领导者，你必须专注于宏观大局以及它将如何影响你周围的群体。

02

第二章
知道你想如何领导

第二颗领导力珍珠

人们对你作为领导者的感觉会影响他们的表现和成果。

一般来说，有两种方法可以让你在公司环境中晋升到领导职位。第一种方法，是在你职业生涯的早期就被认为是一个有领导潜力的人。许多组织称这些人为高潜力候选人或“高潜人才”（Hi-Pos）。这些人通过提交出色的工作成果、展示对更大组织的好奇心、显现建立人际关系的天赋或展现领导他人的欲望和天分脱颖而出。

通常，人力资源领导为这一群体创建项目、角色和机会，以帮助他们加速发展，让他们接触各种对他们成长为组织内领导者有助益的实践。这些项目通常涵盖演讲、组织、管理甚至领导技能的培养。高潜人才往往是最先接受任务的人，这些任务可以突出他们的才能，让他们有机会接触到组织中的其他领导者和决策者。还有一些具有难度和挑战性的任务，旨在训练这些未来的领导者如何在艰难中做出决定，如何分配资源或者仅仅是培养他们的韧性。人力资源跟踪他们的进步和发展。

最终，一些高潜人才被列入领导组织内部主要部门或领导组织本身的候选人名单。如果你是这个群体中的一员，通常你的推荐人、导师或其他领导会直接告诉你，你正在被培养成为领导接班人。

当你被当作高级职位接班人培养时，你会被安排从事过渡岗位，使你做好领导、管理或驱动他人的准备。这些岗位的设计是为了拓展你作为领导者的能力。在经历了每一项工作之后，你必须迅速集中精力去思索你想成为哪种类型的领导者，你想如何领导。你需要考虑以下问题：

- 我要如何表现得像一名领导者？
- 与过去三年相比，我想做哪些不同的事？
- 在这个职位上获得成功的关键因素是什么？
- 让我坐上这个职位的人给了我哪些明确的指示？
- 这个行业里还有谁担任这一角色，我可以和他们交流？
- 我希望高级员工或董事会在形容我时使用哪三个词？
- 我希望以前的同级别同事用什么词来形容我？
- 我希望初级员工如何形容我，体验被我领导的感觉？
- 除了利润最大化，组织还有其他什么重要的任务？
- 组织中还有哪些我可以利用这个职位来填补的空白？
- 有没有挑战或危机需要我去解决？
- 如果我在这个职位上只干三年，我希望完成哪些工作？
- 我希望我的核心圈子里都有谁？
- 谁将是我的外部智囊？
- 我可以信任谁来告诉我所需的来自组织各个部分的真实信息，以代表所有利益相关方做出正确决策？

最后一个问题尤为重要，需要深思熟虑。当你坐上领导的位置，从你周围的人那里获得真实的信息会更加困难。很少有人愿意告诉领导真实纯粹的事情。大部分时候，人们认为领导不想听到坏消息或下属对一个问题的真实想法，尤其是当领导与下属的观点不同的时候。有些领导者希望身边有一群总是赞同自己的人，伟大的领导者则希望身边的人能说出真实想法，不怕对权力说真话。他们明白，要想以一种对公司最有利的方式领导公司，就必须根据完整、真实的信息做出决定，或者从他们信任的人那里听取诚实的意见，以换个角度看问题。

领导力宝石：

伟大的领导者身边都是会告诉他们真相的人。说真话和听真话的能力是伟大领导力的关键特质。

当你坐上领导岗位时，你必须把自己塑造成一个想要听到真相和人们真实想法的人。你必须态度明确地传达出你不会迁怒于说真话的人，不会“向他们开火”。如果人们觉得告诉你事实或真实想法是一种不愉快的经历，他们就不愿那么做。如果出现这种情况，你面临的问题是你不会知道真相，因此也无法进行修复。

有一次，我和一位我非常钦佩的首席执行官共同参加一期近距离的对谈活动，在问答环节，一位观众问他：“到您这个级别，您怎么知道您收到的信息是正确的？”他的回答很有见地。“有两种方法可以让人获得有效运营组织所需的信息”，他说，“第一种，你可以让自己周围都是非常优秀的领导者，他们向你汇报工作，你可以信赖他们提供的各自所负责业务的信息。然而，如果你那么做，你最好百分百确定他们告诉你的是事实，而不仅仅是他们表述的版本。要知道，相对于他们以及他们处理信息的方式，你是完全弱势的一方”。

他更进一步地说：“第二种，你可以额外花时间去了解公司里的人。与保安、清洁女工、工作第一年的助理、副总裁甚至执行副总裁建立良好的关系。花点时间和他们往来，这样他们就会觉得可以信任你，你也会见到他们，他们会给你提供信息或证实或反驳你询问他们的信息。他们会为你提供数据，让你对下属向你汇报的事情有信心，或者促使你询问更多探究性的问题，直到你弄清楚真相。我采用第二种策略，它使我为公司的人做出了非常好的决定。”

当你坐上领导位置时，你会发现人们与你说话的方式和你作为个人贡献者时不一样了。话题和表现都改变了。你担任领导之前轻易就能获得的信息，不再那么唾手可得。既然你现在的权力变大了，你也有潜力引发更大的恐惧。重要的是，你要有办法了解你的下属真正想要什么，他们真实的感受是什么。这将使你做出的决定对和你一起工作的人产生积极影响。不要让自己与下属隔绝，尤其是在千禧一代和Z世代已经成为劳动力大军主力的环境下。这两代人非常重视群体参与，特别是在工作场所。

但如果你晋升到领导岗位是完全出乎意料的呢？在你的职业生涯中，你会成为高层的二把手或三把手。突然间有人离开了，或者出现了某种危机，或者领导层变动，在没有任何预警并且坦白说也没有任何培训的情况下，你被推上了领导岗位。没错，就是你！

在我的职业生涯中，我研究了各行各业不同的领导者，得出的结论是，组织危机与女性和有色人种被任命为最高领导角色之间有直接的关联。想想时代华纳、惠普、通用汽车、美国运通、花旗银行、默克和麦当劳这样的公司，乃至美国和纽约州政府。在每一个案例中，当女性或有色人种被选任之时，都正是它们处于重大危机的风口浪尖之时。

如果你是处于高级职位的女性或有色人种，我鼓励你特别用心地做好当领导的准备。因为一些重大变化或动荡的发生，你的机会很可能来得猝不及防，尤其是当下一次危机出现时。

领导力宝石：

当领导的机会出现时才开始准备就太晚了。无论是参加领导力课程，做拓展领导力的任务或项目，还是阅读如本书一样的书，做你需要做的，在机会到来时准备就绪。

如果这种事发生在你身上，你会怎么做？

当你决定接受这个任命之后，首先要评估当前的环境，确定组织、部门或团队当前和中期的需求。接下来，你必须有意识地思考你想要如何领导别人。

你希望人们如何从看待一位领导者的角度看待你？如果你被任命为首席执行官，你希望董事会、你直接领导的团队、你以前的同事、你的员工以及外部群体（股东、客户、竞争对手等）如何看待你？最重要的是记住，你不仅仅是某个团队或部门的首席执行官，还是整个公司的首席执行官，公司涉及所有不同的业务、内部和外部利益相关方，如果是一家上市公司，还包括公司股东。

作为首席执行官，你的直接上司是董事会，大多数情况下由董事会主席代表。毫无疑问，董事会的工作是代表和保护股东的最佳利益。你希望他们在你担任首席执行官后尽快得出结论，他们选择了正确的人选。你希望董事会认为你尊重别人的意见，具有合作精神、战略意识和决断力，并以公司的最佳利益而非个人利益为动力。记住：尤其当这是一个出人意料的任命，你将承接既有的董事会及直接下属，因此你不太可能与董事会成员有太多一对一的互动。尽快花时间多接触他们，有意识地去了解他们中的每一位是非常重要的。

我的一位好朋友，一家《财富》250强公司的高管，使用了一种非常有效的工具，可以迅速而高效地和主要群体建立关系，包括和董事会成员的关系。她安排时长为45分钟的面对面会议，其中一项议程旨在了解对方是怎样的人。她会和对方聊他们的人生故事和理念，是什么驱动他们，他们如何做决定，与他人合作时对他们来说最重要的是什么，诸如此类。最后，她会要求再开一次45分钟会议。在第二次会议上，她会花20分钟分享她的人生故事，重点讲述她的一些艰难的个人经历，以及这些经历如何激发了她的个人成长。她会再利用剩下的25分钟来分享她对公司最紧迫任务的看法，并征求董事会成员的反馈。在谈话中，她会有意地使用一些词语和例子，清晰地描绘出她的合作精神、决断力、同理心和战略意识。因为她在这些前期会议上建立了私人关系，所以当她后来不得不在董事会中与每个人互动时，她已经对围桌而坐的许多人的性格有了很好的了解，而他们对她的看法也受到了之前对谈的影响。这种方式让她可以着手从建设性的角度建立关系，并且在他们心目中树立起她自己期待留下的印象。

正如我在《期望取胜》一书中提到的，训练人们对你的印象的方法，是按照你希望人们在背后谈到你时用以描述你的形容词来行事。作为领导者，至少你希望董事会认为你是深思熟虑、有战略眼光的，是优秀的执行者和关系构建者，这意味着你所做的每一件事都应该在某种限度上体现这些特质中的每一项。当你和董事会成员交谈，他们开始了解你时，你也应该注意用这些词来描述自己。

领导直接下属

当开始你的新角色时，作为团队的头儿，迅速树立你的合作型领导的形象非常关键。你的成功将高度依赖于你激发团队成员最佳状态的能力，对你来说，尊重他们是很重要的，在某些情况下，甚至要对他们的经验和专业度毕恭毕敬。你接手的团队可能经验比你丰富得多。和你一样，他们中的一些人甚至可能也曾经是你这一岗位的候选人。在这种情况下，你就更需要尽快和他们做个别交流，了解他们是否愿意并能够在你的领导下继续尽最大努力工作。如果不能，你就必须审慎而快速地为他们的岗位物色替补人选。

你迈出的最重要的第一步——当然，我是说在危机解决之后——是多去聆听。这将帮助你了解组织中的人员，他们在想什么，他们对事情的发展有什么感觉，存在哪些差距，哪些方面还可以优化，哪些方面运行得还不错。在你与团队最初的几次互动中，要包容、合作，有意识地征求每个人在大大小小事情上的想法和观点。在你开了几次会，对组织面临的最紧迫问题有所了解之后，必须迅速确定优先级以及对每个团队成员的期望。在你作为首席执行官或领导者的任期之初，立即为这个团队赋权，将有助于你快速设定和执行公司未来的目标。

领导力宝石：

最好的领导者是主动积极的倾听者。

即使你是一家私营企业或非营利组织的领导，你仍然可能要对董事会负责。然而，在这种情况下，他们将更关注什么对公司是最好的，而较少关注季度业绩，特别是从长远角度看，例如华尔街的盈利预期，以及公司业绩低于预期对股价的负面影响。

作为一名私营企业的领导者，你要确保董事会认为你是一个战略家和执行者。如果你所在的行业薪酬历来低于许多其他行业，那么你就希望被视为一个善于培养人际关系的人。你将更有可能留住优秀人才，因为他们喜欢为你的公司工作，喜欢你的领导，喜欢同事的风范，喜欢获得巨大发展的机会，或者有一种归属感。这些原因在很大程度上都是因为有你的驱动！

虽然到目前为止，我一直关注的是最高层的领导力，但如果你是组织或公司其他层级的领导者，我的建议也没有什么不同。你的利益相关方对你的协作、组建团队、激励和鼓舞员工、战略思维和执行计划的能力有着非常相似的期待。最主要的区别是，虽然你希望别人以这种方式看待你，但你也需要懂得、理解并表现出一些公司高层领导共有的品质，这样人们才会将你和高层的领导职位相关联。

我要说，在你领导之下的人会“体验你”或“消费你”。他们与你互动之后，会带上对你的感受和对他们自己的感受，而你有能力影响这些感受。你想让他们在互动之后感觉受到启发、鼓舞或者因为和你一起共事、为你工作而感到开心吗？或者，你想让他们感到害怕、气馁、失去动力，甚至希望为另一个人工作吗？这是你要做的决定。记住：作为领导者，人们对你的感觉会影响他们的表现和成果。

由于大多数人没有考虑过他们想要怎样领导别人，他们想要成为什么样的领导，或者他们想要如何为此进行培训，因而他们以自己曾经被领导时学到的方式领导别人。此外，虽然许多行业和公司培训人们如何做某项工作，但很少有意识地教授如何领导、驱动或激励他人。当然，也有一些例外，例如通用电气、通用汽车、克莱斯勒和埃克森美孚，这些公司都有非常完善的长期培训计划，领导者在组织中轮岗，学习业务，也有机会在不同的情况下当领导以及观察其他领导者。

许多这样的公司都以培养出伟大的领导者而闻名。二十世纪八九十年代，甚至直到新千年的头几年，通用电气都以其领导力培训著称。当一名职场人开始管理通用电气的顶尖业务之一或者担任首席某某官，他们被视为已经为管理公司做好了准备。在通用电气获得最高职位意味着你实际上有可能接替时任首席执行官杰克·韦尔奇。杰克·韦尔奇连续为公司取得多个季度的出色业绩，将股价推至该公司历史上的最高水平。如果有些人接受过培训并晋升到直接向杰克·韦尔奇汇报的职位，但后来发现他们不具备领导通用电气的能力，许多人就会离开，或者去其他《财富》500强公司做首席执行官。

当一个没有接受过培训或没有刻意为自己当领导做好准备的人被推上领导岗位时，他们会做对他们来说很自然的事情，通常表现得像他们看到的其他领导者一样。不幸的是，这往往会使糟糕的领导行为永久化。我在二十世纪八九十年代的投资银行也看到了这种现象。这一时期，华尔街以其“粗鲁且野蛮”的环境著称，管理人员名声不佳。众所周知，要想晋升到高级总经理，就必须成为一名出色的创收者——名下创收最多的银行家或交易员。在像华尔街这样创收为王的文化中，人们得到的奖励除了丰厚的报酬、晋升和头衔，往往还伴随有管理和领导职位，几乎不考虑这些人是否有能力成为能够驱动、指导以及激励他人的优秀领导者。例如，一名并购银行家兼顶级创收者或者一名顶级销售员或交易员，被任命领导一个团队、部门或分支机构，这一点都不罕见。这些人几乎没有接受过领导力培训，却登上了领导岗位。然后，他们的行为导致下属不会在他们手下工作很久。在他们任职期间，部门会经历非常高的人员流动，但这些经理仍然稳坐领导位置，因为他们是出色的创收者，经常为组织贡献巨大的收入。

泰瑞为部门经理迈克工作。迈克以脾气暴躁而著称，经常公开表达自己的不满，在交易大厅里当着同事的面斥责为他工作的人。事实上，当某个人或某件事惹他生气时，他就会摔碎交易大厅里挂在转台上的电话。泰瑞是交易大厅里为数不多的几个能为迈克工作的人之一，经常通过展示自己的强硬来迎合和支持迈克的行为。

在他自己的同事圈子里，甚至在他的下属那里，泰瑞都被认为是一个讲道理的人，他公正，愿意倾听下属的意见。一天，迈克的老板把团队成员召集到一起，告诉他们迈克不再为公司工作，泰瑞将接手迈克的岗位，负责部门的工作。泰瑞只比团队其他成员早几个小时得知这一变动，那是因为老板提前询问他是否接受这个职位，他接受了。在他的第一次团队会议上，泰瑞告诉大家一切都会和往常一样，希望每个人继续像以前那样做自己的工作。

泰瑞用和迈克同样的方式管理着团队，包括斥责员工，公开表达不满，甚至把一两个电话砸在桌子上。团队的其他明星员工，也就是泰瑞以前的同事，一个接一个地离开团队和公司。为填补职位空缺，泰瑞不得不从公司外部招聘。尽管新员工对新机会感到兴奋，但他们并不了解这家公司或客户。泰瑞必须让他们安顿下来，在某些情况下接受培训，学习如何融入现有的团队并与之合作。结果，团队的盈利能力大受影响，他们在行业中的市场份额开始收缩。

不幸的是，泰瑞作为领导者的成功受到了负面影响。在如何领导和激励他人方面，他不相信自己的直觉，而是认为最好的领导方式是模仿他的前老板迈克。毕竟，公司曾经奖励和提拔过迈克。然而，泰瑞不知道的是，迈克之所以被公司辞退，正是因为公司注意到，由于迈克的领导不力，很多业务能力强、有才干的员工离职了。泰瑞也没有思考他作为迈克团队中的一员听到的所有事情，同事不喜欢被迈克领导的事，以及他自己不喜欢被迈克领导的事。泰瑞从来没有问过自己："既然迈克都能够以他的领导方式取得成功，那如果我以一种能够激励团队的方式领导他们，让他们由于为我工作感到兴奋，并成为我成功的一部分，我不就能够取得更大的成就吗？"

许多组织有奖励迈克这样的人的传统，因为他们是优秀的创收者。有意思的是，这些组织同时会口头表扬那些在培养年轻员工和留住人才方面表现出色的人，但组织不会像奖励迈克这类创收者那样奖励他们。在今天的人才争夺战中，组织必须表明，他们真正重视那些能够吸引、发掘和留住优秀人才的人，就像他们重视业绩优异的创收者一样。事实是，在大多数组织中，人们倾向于做出会被奖励的行为。如果某人表现出与领导身份不相符的行为，但显然被提拔或重奖，那么这就相当于向组织的其他成员发出了一个强烈信号：这种行为不仅是可以容忍的，而且是被看重的。

我常常惊叹，当人们被赋予领导他人的特权时，他们会发生怎样的变化。我曾见过一些优秀的团队成员，他们对专横、不支持下属、被自己的偏见和思维方式所蒙蔽的领导者持批评态度，但当他们自己登上最高位置时，却恰恰变成了这样的人。显然，人们认为以那些看起来奏效的方式领导别人，比发展出真正适合自己的领导风格更容易。当然，从定义上讲，真实会更有效、更鼓舞人心。但讽刺的是，效仿别人的领导模式，尤其是几十年来“要么听我的，要么走人”的惯例，对激发或推动创新几乎毫无帮助。

当团队被你“一言堂”的领导方式所束缚，而不是被你启发和鼓舞时，他们就会害怕你，这会进一步限制他们的生产力。如果你的团队认为你不能容忍新想法和新思维，认为必须按你的方式做事，这将抑制他们的创造力和生产力。他们不敢在你的导向之外冒险，而你将会失去带领团队取得巨大成功的机会。为什么？因为团队成员的贡献将基于你的想法和局限，而不是源于他们自己，他们的想法、才智、经验和创造力，坦白说，都可能远远超过你。

比尔在一家广告公司领导一支团队。他认为自己之所以能坐上这个位置，是因为他是同事中最聪明的那一个。公司的任务是为一种新型软饮料扩大品牌的消费群体。这一品牌的高管特别渴望接触到他们以前较少接触的消费者——多元文化和女性消费者。比尔的团队成员苔丝和菲利斯来自这些社群，对于怎样有效开展推广活动有着切合实际的想法。然而，这些想法与比尔的想法正好相反。苔丝和菲莉斯都不太愿意提出自己的建议。几个月前，她们目睹了另一位同事对比尔的想法提出怀疑，比尔的反应迅速、严苛，并且是在公开场合做出这样的反应。结果，那位同事变得意志消沉、沉默寡言，很少表达自己的观点，也很少与团队成员交流想法或资讯。

比尔把团队召集在一起，提出了一个关于软饮料广告的想法。虽然他征求了团队的意见，但他是以剥夺团队话语权的方式做的。“我们的高管质疑这个广告会被多元文化消费者认为具有冒犯性，”比尔说，“我认为这是无稽之谈，我们应该按计划展开，大家怎么看？”

考虑到比尔的强势领导风格，以及他在有人提出不同意见时不高兴的记录，组里没有人敢说话。苔丝最后说：“嗯，我认为广告所传递的信息是基于对这一群体的刻板印象，认为他们非常好斗，反响可能不会好，甚至被误解。我想我们必须小心，不要把这一群体对品牌的忠实视为理所当然。”

比尔立即回应道：“我觉得你太敏感了，没人会这么想。他们会喜欢的。我们会向客户推荐这个广告，你应该深思熟虑之后再发言。”

团队中也有其他成员同意苔丝的观点，但没有人敢站出来说一句话，尤其是在比尔回应了苔丝的建议之后。比尔团队向客户推荐了这个广告，客户制作并发布了。这个广告的反响很差。社交媒体的反应，尤其来自客户想吸引的消费群体的反应，是负面的。公众的抵制持续数周，不仅新产品遭到抨击，一些消费者还发起了针对客户其他产品的负面运动。结果，客户在同类产品中的市场份额被竞争对手抢占。几周之后，客户停播了这则广告。不用说，客户不再让比尔的公司为下一个品牌发布提交活动方案。比尔随后被调到另一个岗位，这个调动实际上使他不再有机会晋升到更高职位。

当你担任领导角色时，我建议你问问自己："作为一个领导者，我希望人们如何体验我，如何消费我？"想想那些曾经积极或消极地启发过你的领导者。想想你崇拜的人，为之工作让你感到兴奋的人，甚至希望为之工作的人。回顾你的职业生涯，你接触或观察过的哪些领导者教会了你有价值的东西，或者你今天仍然乐意为他们工作。相反，你宁可辞职也不愿再为谁工作。

领导力宝石：

虽然你如何看待自己很重要，但别人对你的看法对你能否成为一名成功的领导者更为关键。

当我形成自己的领导风格时，这个方法对我来说是非常有用的练习。我曾经向一些领导者汇报工作，即使我的职业生涯发展到现在这个阶段，我也仍然愿意随时随地为他们工作。我在做这一练习时，想到了那些花时间告诉我在处理一笔交易时需要考虑的关键问题的领导者，那些教我如何与投资者和代表投资者的销售人员沟通的人，还有那些教给我宝贵的交易术语的人。我想起了刚入行时在

并购部门工作的高级助理和年轻副总裁，他们指导我如何建模或做类似的公司分析，而带领我从事交易的人却没有教我该怎么做。

此外，做这个练习时，我也想到了一些口碑不好的交易牵头人的领导者，员工害怕的领导，还有那些不支持自己团队的领导。当出现问题时，他们会责怪自己团队的成员，而不考虑可能是其他部门的成员犯了错。我从这些差劲的领导者身上学到了如何不拿自己当领导，这和我从那些优秀领导者身上学到的经验一样有价值。当我有幸领导一群人时，我希望他们以一种积极的方式消费我。事实上，我为自己制定了一个作为领导者的愿景，做一个支持、鼓励、推动、协作、尊重、激励他人并且诚实的人。我想让为我工作的人感到受保护，知道我总是支持他们。然后，我就开始这样做了。

当你在考虑作为一名领导者，如何被消费时，你还必须考虑你当领导的背景或环境，它是否能够容忍不同的领导风格。在二十世纪八九十年代，金融业领导者的限制之一是似乎存在一种主导的领导风格。正如我前文所提到的，“一言堂”的领导风格在大多数投资银行中占据主导地位，并且比其他风格更受奖励。尽管每家投资银行都有自己的文化，但当你调查最成功的交易员、银行家甚至高层领导者时，他们都表现出某种形式的“一言堂”风格。

有趣的是，金融业也是一个以大量“大咖”或“难相处的个性”为特征的行业。它经历了高比例的员工过劳以及其他与强硬、难相处的领导者共事的副产品。虽然在过去二十年里，这个行业确实创造了大量收入，但我常常想，如果年轻人感到自己被重视，受到领导的鼓励，这个行业创造的收入是不是还能更多，他们是不是能够更好地在这些公司中全情地投入工作。

如果你在一个领导者以某类领导风格著称的行业或公司工作，可能很难展现和成功使用不同的风格。我做过几次关于科技公司领导力的演讲，研讨会组织者告诉我，他们的文化是由工程师主导的，典型风格往往是非黑即白，缺乏合作，对非工程师出身的人缺乏尊重，从而使其他背景的人在这种文化氛围中举步维艰。然而，即使在这些环境中，要想创新并制造出能够吸引许多不同消费者的产品，这些组织也需要吸引具有不同背景和专业知识的员工。

虽然要展现并使用一种不同于该文化中流行风格的领导方式是一种挑战，但如果一家公司聘用了你，那么他们看重的也许就是你与众不同的领导能力。在你随大流之前，如果你知道你带领的团队在过去成功地产生了巨大的生产力，那么就遵循你之前奏效的方式，哪怕你对它做轻微调整以适应新的文化。

如果你是一位在类似环境中发展但形成了不同的领导风格的领导者，那么你很可能已经建立了足够的声誉和强大的人际关系，能够引入另外一种领导方式并走向成功。

如果你是通过社会招聘加入一家组织，属于横向流动，那么在这样一个有主导文化的组织中想要成功可能会很困难。要成功，你必须花时间和中层经理、初级员工打成一片，更好地了解他们的个性、他们如何学习、什么会对他们有推动和激励作用，以及懂得如何从他们身上激发出最高水平的工作能力。你花在这群人身上的时间应该比花在同级别同事身上的时间多得多。当你树立自己的领导风格时，这群人会支持并帮助你建立起领导者的地位。

我们幸运地处在一个企业文化正在受到考验和被重新定义的历史时刻。我们都经历了2020年的变化和危机——新冠疫情全球大流行，美国几个世纪以来的种族不平等引发的社会动荡，世界范围内的移民需求和政府领导的变化，社交媒体作为一种强大的民主化工具的出现，千禧一代和Z世代成为主要劳动力。企业领导者意识到需要一种新的领导模式。他们认识到他们需要更加真实，表现出更多同理心，并将透明度视为领导的筹码之一。

领导力宝石：

如今的员工都在关注人性的真实。没有哪个领导者会和你完全一样，你的独特个性和真实自我的展露将帮助你和员工建立联结。

在过去的一年里，我与各级领导者进行了多次对话，很明显，他们中的许多人从未把真实的自我带到他们今天所在的权力宝座上。在过去，他们有意无意地选择融入企业文化，改变自己以获得成功。这很容易做到，因为大多数行业中的大部分企业的文化都明确定义了一种主流的、众所周知的成功方式。因此，领导者知道他们必须做什么才能成功。如果这意味着在门口把你的真我先寄存起来，那就这么做吧。

然而，随着时间的推移，这种方式会出现问题。如果你不留心，或者不自知，就会迷失自我，变成另外一个人，失去和真我的联结，失去将真正的自己融入企业文化的能力。这一现实给今天的许多领导者造成了两难的境地。他们的员工要求自己有一定的参与度，要求领导者有一定的透明度和同理心，而这对许多领导者来说是陌生的，实际上也是相当困难的。如果以上描述的就是你，那么你是时候认真思考一下本章的精髓，并确定自己如何才能成为一个体现真实自我的领导者了。这对你在当前和未来能否吸引、激励合适的团队成员并带领他们一起成功至为关键。

03

第三章
了解如何评估人才：选择和激励正确的团队

第三颗领导力珍珠

选择正确的团队，这对你的领导成绩起决定作用。

作为一名领导者，你要做的最重要的两件事是选择和激励你的团队。如果你在一个人力资源部运行良好的大型公司，你就会有帮助你寻找、评估和录用应聘者的资源。有经验的人会帮助你进行面试，为你的团队选择合适、易融入公司文化的人才。

但对那些自己开公司的人来说，情况就不一样了。如果你是一名企业家，也是自己的高成长性企业的领导者，你可能没有多少资源或经验来帮助你进行有效招聘。

领导一家你自己创立的公司

作为一名企业家，你有机会从零开始组建自己的团队。你的公司成立不久，发展迅速，所以你可能觉得自己没有足够的时间投入团队的组建中。你需要能执行任务的人，而且必须快点儿就位。

然而，花时间评估你要把谁带进公司是很重要的，尤其是在早期的成长阶段。错雇一个人，尤其如果是错雇了高层，从报酬或企业主角度看可能会付出昂贵的代价，而且对你试图建立的初具规模的企业文化也会有不好的影响。事实上，一次糟糕的雇佣可能毁掉一家新公司。仔细评估公司的需求，制定一个评估潜在员工技能的流程很重要，这样你就会清楚他们是否满足这些需求。我看到许多初创公司的首席执行官犯的错误是，雇用与自己相似的人，而非填补领导者的短板，引进不同技巧和能力的人。

如果你没有太多面试应聘者的经验，可以考虑组建一个“智囊团”——一个由有招聘经验、有人力资源经验或对你要招聘的特定职位有专业知识的专业人士组成的团队。他们将帮助你选择合适的人选。许多初创公司的首席执行官在缺少经验丰富的面试官帮助的情况下，错误地做出了关键的招聘决定，后来对当时的决定感到后悔。结果是，他们投入大量时间修复和重建由于招聘失误受损的公司文化，失去了执行公司战略的宝贵时间。

让你的智囊团帮你仔细考虑职位描述，以及你真正需要从潜在员工那里得到什么。然后进行最初的面试，也让智囊团对候选人进行面试。智囊团可以评估并根据他们了解到的情况给你建议，基于这些附加信息，你可以就如何招到适合这个职位的人做出决定。如果你缺少实际的招聘经验，你甚至可以让智囊团按照你与他们一起制定的标准进行前几轮面试。这能帮助你初筛一些候选人。后面你可以自己准备最后一轮面试，使用最初的标准，但也要评估你自己是否可以与此人合作。

现在，如果你当企业家的经验不足五年，没有面试技巧，或者没有一个你可依赖的关系网来招聘，你可能会发现很难为自己的团队增加人手。你可能不知道高级销售主管应该做些什么，也不知道首席财务官或财务主管的首要任务是什么。你甚至可能没有真正意识到如何判断一个人是否能胜任他应聘的岗位。请不要陷入一面试就雇用应聘者的局面。你可能会将自己置于被人乘虚而入的境地，对方可能比你更有面试经验，或者是一个非常健谈的人，或者是一个厉害的面试官。如果这个人不能成事，不仅会对你的公司造成损害，还会削弱你作为领导者在公司其他员工心中的威信。

领导力宝石：

作为一名企业家领导，你不可能做所有的事。为自己成立一个“智囊团”或拥有一群能提供你所不具备的技能的支持者是你成功的关键。

如果你缺乏面试经验，你可以上网找一些关键岗位的职位描述，比如首席财务官、首席运营官、首席行政官、高级销售官、首席营销官等。然后你可以向你创业关系网中的人或参加过企业加速器的企业家索要他们用过的职位描述。你还可以借助于你的院校关系网。比如，如果你之前是MBA，你可以问你以前的营销、金融、运营等专业的教授，他们在这些学科的顶尖人才身上关注的点是什么。你也可以看看在你的竞争对手那里从事这类工作的人的背景，来评估你是否应该进一步完善自己的招聘标准。如果你是一家风险投资支持的公司，投资你的风险投资公司的合伙人会给你潜在候选人的名单。他们接触过很多公司，通常会注意到他们在这些公司中

发现的优秀人才，即使他们最终没有投资这些公司。这些风险资本家也有着广泛的公司关系网，可以供你利用。一旦你对这些关键角色的功能有了大致的了解，就可以根据自己公司的需求和文化添加具体标准。

另一个选择是寻求高管招聘的猎头的帮助。有一些大型的知名高管猎头公司专门为首席某某官岗位做招聘，例如首席执行官（CEO）、首席财务官（CFO）、首席营销官（CMO）、首席行政官（CAO）、首席运营官（COO）、首席数据官（CDO）、首席技术官（CTO）、首席投资官（CIO）、首席人力资源官（CHRO）。同时为初创公司招聘高管的高管猎头公司也越来越多。这些猎头能够帮助你找到不仅在大公司工作过，而且也在初创企业工作过的候选人，初创企业有着与大型、成熟公司不一样的需求。

猎头公司也能在薪酬方面为你提供咨询，以吸引应聘者。作为一家初创公司的首席执行官，你可能无法给到大公司所能给出的现金薪酬，你也不想把太多的公司股票分给一个随着公司发展和价值提升不一定能长期胜任工作的人。

如果你发现自己处于没有资源聘用高管猎头的境地，或者你没有人脉组建智囊团，不要绝望。这里列出了一些面试时可以提出的问题，能够帮助你辨别应聘者是不是你需要的人才。我也会告诉你问题背后的逻辑和你可以了解到的信息。

通用问题

1. 说说你自己吧。

逻辑：这个问题会让你对此人有一个大概的了解。你会从他们选择的从哪里谈起中了解很多信息。一般来说，一个优秀的应聘者不仅应该利用这个问题让你了解他们来自哪里，还应该利用这个问题让你了解他们的动机是什么，为什么他们做出了一些重要的决定。例如，为什么选择了他们就读的学校，为什么从事某些工作，职业生涯中的关键决定，以及为什么他们对你提供的职位感兴趣。如果应聘者在讲述自己的故事时，没有强调自己适合这份工作的优势，那对我来说通常是一个危险信号。

2. 你对这个职位的兴趣点是什么？

逻辑：应聘者对这个问题的回答较为重要。作为招聘此人的领导，你要清楚此人对你的公司和招聘岗位做了功课，并且对为何这个职位对他们有意义、他们能做出什么贡献有令人信服的论证。注意：如果应聘者对你说，他们正在寻求改变，但不能给你一个很好的理由，为什么这个职位和你的公司对他们和你都有意义，那就不是适合你的人才，不要雇用这样的人。他们很可能只是想尽快摆脱上一份工作，而你一定不希望你的公司成为他们的第一站。他们可能没有想清楚什么对他们有意义，可能很快就会对这个职位和你的公司感到幻灭。我提醒你千万不要雇用那些不确定自己想要什么的人，你也不想将太多时间花在向应聘者推销岗位上。考虑到公司可能的发展速度和对人才的迫切需求，你浪费不起太多时间。虽然你必须在面试中对岗位做一些推销，这对任何雇主来说都很正常，但当必须努力说服某人接受某个职位时，往往可能是他和这个职位以及和你并不适合的信号。

3. 你认为胜任这个职位最重要的三个因素是什么？

逻辑：对这一问题的回答将帮助你了解此人是否真的知道这份

工作需要做什么。他们很可能会告诉你他们为何选择这些因素，并补充一些他们认为重要的因素。你应该将这些答案与你和你的智囊团一起制定的职位描述匹配起来考虑，你需要注意一些通用的东西。例如，如果你在招聘首席财务官，你必须知道他们以前是否担任过首席财务官，是否有股票期权的会计处理经验，是否参与过融资或上市公司证券发行。如果你在招聘首席营销官，你需要知道他们之前做过哪些产品的营销，他们的社交媒体技能，以及他们对基础的谷歌分析的理解。如果你在招聘首席销售官或营收官，你要知道他们在上一份工作中的销售业绩，他们获得的报酬如何，他们如何推动销售，或者他们如何圈定目标顾客群。

4. 在这个职位上你需要什么才能取得成功?

逻辑：通过这个问题，你要辨别此人是不是自我驱动型，是不是足智多谋，坦率说，是否有在初创或起步阶段的企业环境中取得成功的斗志，或者更确切地说，他们是否需要很多只有在大公司中才能享受到的资源。更重要的是，你要了解此人是否会高度依赖你给他们的指示和反馈来展开工作。在任何工作的初期，每个人都需要获得反馈，以确保他们的行为符合领导的期望。但在一个快节奏、高成长或危机驱动的环境中，你不可能手把手地去教一个高管如何工作。

5. 什么对你有驱动作用?

逻辑：应聘者对这个问题的回答会告诉你很多是什么激励着他们并让他们坚持下去，你要尝试抓到让他们开心并激励他们做成事情的关键点。如果你招聘的是首席人力资源官职位，你应该希望听到这样的回答："我的动力来自看到人们的成功，或者找到发挥我招聘来的人才最佳能力的办法”或者“我的动力来自努力解决那些阻碍员工发挥最佳能力的问题，或者创建一些能够提高员工参与度的项目”。在某种程度上，回答应该紧扣人力及与人相关的问题。

6. 什么样的领导能够激励你？你能描述一下什么样的领导能够激励你把工作做到最好吗？

逻辑：虽然我们中的许多人是自我驱动型，可以通过自我激励实现目标，但毫无疑问，作为人我们会受到他人的激励和驱动，尤其当遇到伟大的领导者时。然而，也可以反过来看，差劲的领导者或者与我们的价值观不一致的人会让我们中的大多数人失去动力，有时甚至麻木。应聘者对这个问题的回答相当重要，因为如果他们描述的是一个和你完全相反的人，那就说明你和应聘者不合适。

7. 你认为自己是一个什么样的领导者？

逻辑：坦白说，我在面试高级领导岗位的应聘者时，喜欢向他们抛出这个问题。这不仅告诉我他们对自己的看法，还体现了他们作为领导者是否考虑到自己如何被员工消费。这也让我知道他们是否了解自己在发展、驱动、指导和激励员工方面的水平。从他们对这个问题的回答中，我可以了解我们作为领导者的价值观是否一致，了解他们是否符合我试图建立的文化方面的愿景，或者以你企业家的身份而言，是否符合你公司文化的愿景。你也可以判断此人是否有能力发现优秀人才并组建团队。记住：作为首席执行官，你不可能在公司规模壮大和发展的过程中识别、面试和提拔每一位员工，这是没有效率的。因此，你不得不依赖他人来建立他们各自的团队，驱动和激励他们的团队做出更大的贡献，这也是你雇用他人作为公司高管的原因之一。

我认识一家初创公司的首席执行官，在他创建公司的过程中，他坚持审查每一份简历，见每一位应聘者。到他拥有近2000名员工时，这一流程已经无法维持。他聘用的高级人力资源员工——每一位都非常擅长招聘和雇用人才——开始感到勉强和失去动力。他们觉得首席执行官不相信他们能做出正确的决定，并开始留意去其他公司工作的机会。首席执行官开始感到沮丧，因为在公司经历高速成长、需要人才的情况下，大量的应聘者令他的面试安排不过来。

他害怕取消这个流程，因为他认为这样会失去他在只有200名员工时拥有的公司文化的精髓。公司继续发展壮大，首席执行官终于放弃了对招聘流程的控制，允许他手下的专家去履行本属于他们的职责。该公司在IPO之后成功上市。但问题在于：如果这位首席执行官给他花心思聘用的高管授权，利用他们的专业度招聘公司成长所需要的员工、延续公司文化，那么公司发展的速度会快多少？

如果你在组建高管团队伊始就细心且有眼光，毫无疑问，你将成功地招到具备合适技能的人来做这份工作，他们和你有共同的价值观，认同你对公司现在和未来文化的愿景。如果你的人觉得你不信任他们，他们就会质疑你，开始不信任你。放手并信任他们去做你聘用他们来做的工作。从根本上说，要相信你自己作为领导者的能力，除非另有通知！

8. 举两个事情进展不顺利导致你失败的例子。

逻辑：作为一家初创公司的首席执行官，你想要聘用一名有韧性、有过失败经验的人做高管。我们都知道，一个人经历的失败越多，就越有韧性。当你成功地面对失败并将经历转化为有价值的经验时，你就有了更多的经验来进行后续的尝试。在任何公司的初创期，都会有多次失败。例如，募集资金的过程可能比预期的要慢，你可能不得不裁员，客户转换可能没有实现，等等。你引入高管团队的人要能够克服这些失败和失望。你要聘用一个以解决方案为导向的人，并对必要时制订备选方案 B、C 或 D 感到兴奋。

9. 说说你上一份工作的主要成果。

逻辑：这个问题很重要。因为你不希望仅仅因为应聘者上一份工作有一个领导头衔，就理所当然地认为他们有直接负责的关键成果。从他们对这个问题的回答中，你可以了解到他们的判断能力，以及他们认为对公司来说什么最为关键和重要。仔细聆听他们的回答，并尽可能多地进行探究。你还应该将他们之前的工作成果同你所期待的工作成果进行比较。

10. 你认为你对上一家公司产生了哪些影响？

逻辑：通过这个问题获得的信息，可以在你对应聘者做背景调查时用来做比较。你需要将他所说的对公司的影响与其前雇主所说的其对公司的贡献进行比较。你还应该试着了解前雇主对他们履行职责的期望，以及他们在没有被要求的情况下所做的贡献，这是有价值的。

11. 你的前任或现任雇主认同你的影响吗？他们有无不同的评价？

逻辑：这个问题会让你深入了解应聘者对他们上一份工作或目前工作的地方的想法和感受。另一个你可以问的问题是“谈一谈你现在或以前工作的地方”。然而，大多数应聘者都知道他们不应该贬低他们的前任或现任雇主，而这个问题显然是在寻求此类反馈。本条标题的用语，虽然也是在引出同样的反馈，但可能会问出你想要的信息。

12. 如果你得到了这份工作，你如何通过三十天计划来证明你是一名优秀的员工?

逻辑：应聘者对这个问题的回答会告诉你几件重要的事情，比如他们对这个职位做了多少研究，他们对挑战和机会的理解，他们对如何在这个职位上取得成效和成功有多少思考，他们是否为此做好了准备以及他们实现目标的方向。

13. 你最大的两个优点是什么？你需要继续努力提升的是什么?

逻辑：这是在面试中使用了几十年的一个传统问题。很多公司会用其他方式问这个问题，因为它已经被问滥了。然而，我还是喜欢用这种方式问出，因为这样最直接，而且我总是很想听到应聘者是如何看待自己的，他们认为自己的最大优点是什么。同样有趣的是，要注意这些优点是否与工作的关键成功因素相符，或者他们所说的需要继续提升之处是否正是我需要的必备工作技能。

14. 我要向一组人推介应聘者。你想让我以什么理由来解释为何聘用你从事这个岗位?

逻辑：这个问题给了应聘者一个继续推销自己的机会。如果一名应聘者能够以一种令人信服的方式来说明他理解的职位需求和公司需求，并且有背景和经验加持满足你需要的答案，那在背景调查没有问题的情况下，他们至少应该进入最终候选人名单或得到这份工作。

15. 如果你中意一位只有大公司工作经历的应聘者，可以提出以下问题：你为什么认为自己能够在一家初创公司工作？你认为大公司和初创公司的根本区别是什么？你是否曾在没有行政助理的情况下工作过？

逻辑：这是你作为初创企业的首席执行官需要问出的犀利问题。许多优秀的应聘者有极好的经验和技能，但只在大公司中工作过，习惯了使用大公司环境可提供的丰富资源。当这些人过渡到只有一小群人的初创公司，没有真正的团队，每个人都要参与所有的事情时，他们往往会经历一段非常艰难的适应过程。这些情况通常不会有好的结果，因为这些人不习惯一个不提供大公司的“舒适环境”的环境，比如有助理，有人接电话，有人安排出差，有人保管纸、笔、回形针等办公用品。

招聘之后

如果你只是在面试时坐过面试官的位置，以前从来没有管理过一群人，你能做的最重要的事情之一就是明确你想要完成的工作。如果你不确定自己要什么，那就邀请团队成员和你协作，进行头脑风暴。作为领导，最糟糕的事情是不承认自己对某事不确定，而让团队成员由于你变化不定的想法陷入一系列的徒劳无功中。团队成员很快会失去动力，幻想破灭，开始寻找其他机会。

在这种情况下，你可以说：“我不确定我们该如何完成这个任务，因此我要借助于你们的才智和经验。这是我想要我们达成的目标，对于如何达成目标，大家有没有建议？”如果你不确定公司的发展方向，那么你可以说：“我不确定公司下一步应该如何行动，我想和你们分享我目前的想法，并希望获得你们的建议，大家一起制订行动计划。”

记住，没有人期望你总是知道全部答案，但他们希望你有透明度、决断力和包容性。一位领导者只要稍稍具备这些特质，便有更大可能吸引和留住优秀人才，这也是你成为自己公司的成功领导者所需要的。

在成熟组织中当领导

我已经介绍了一些对领导自己创办的公司有帮助的要点，现在让我们来讨论一下，如果你在公司环境中工作，如何选择团队。如果你是一个在组织中冉冉上升的领导者，你将接管一个团队，并可能进行人事调整。大多数情况下，解雇全部现有员工，再重新组建一个新团队是不明智的。在现有团队中，至少有一些人会比你更了解组织，知道需要做些什么。作为新上任的领导，你必须对团队成员的技能进行盘点，评估他们的职责，判断他们是否能做出出色的贡献，然后你要将他们的技能与你对公司未来的战略和计划进行比对。

评估团队成员普遍持有的态度也是明智的。谁持建设性、积极进取、“愿意尝试新事物”的态度？谁持“不不不，试过了，只用自己的方式，又来了”的态度？当你观察到有人不愿意投入作为领导者的你设定的愿景时，你必须迅速采取行动，将他们清出你的团队。作为一名新领导，你的成功在很大程度上依赖于拥有一支你可以信任、具有建设性、愿意支持你的愿景和战略的团队。此外，你不必担心如果你必须进行一些人事上的调整会被视为破坏了一些什么。人们普遍认为，新领导上任时，都会有一些人事上的变化。要趁着“新官上任三把火”的势头来做出前进所需要的改变。如果你等待的时间过长，想做出改变将更加困难，而且你所做出的决定可能会被影响。

作为一个组织内部的新领导，你一般至少可以聘用两三个新人协助你执行愿景。如果你成为一家成熟公司的新任首席执行官或高级领导，那么上任一段时间后从你以前的公司调来一些人是很正常的。在将以前公司的员工引进新公司之前，你要特别考虑好时机，因为如果新公司的员工感觉自己的位置受到威胁，他们就会产生离开的动机，你将有可能失去承载了新公司中宝贵知识和经验基因的人才。如果你被要求领导公司中一个你从未领导过的业务领域，你必须迅速评估你接手的团队中谁最了解这个部门或组织，你要立即和那人合作，在最短的时间内尽可能多地学习。与他们共事最简单的方法就是承认你不知道什么，并且你渴望助力于他们的成功，就像他们助你成功一样。你们双方必须达成一致，互相保持信息透明，让他们知道你需要他们的帮助以加强对组织或者部门的了解，你也知道他们需要你给予他们奖励、助力他们成功前进。

领导力宝石：

当组建你自己的团队时，要考虑潜在员工的技能、天赋、好学与否、核心需求、解决问题的能力以及他们的态度。了解他们将如何融入团队和公司文化也非常重要。

在组建团队的过程中，我想要提醒你一个常见的陷阱。如果你现在领导的是一个自己以前较少涉足的领域，要注意不要因为某人在某一领域的经验比你多就聘用他。你可能像我以前一样，因为自己缺乏该领域的专业知识，因此更看重这个人的知识和技能，但是可能会忽视对他们的职业道德、创造性思维的能力或利用外部关系的愿望等方面的要求。我那时没有正确评估自己快速学习的能力、广泛的内部和外部关系网以及二十多年的金融从业经验。由于聘用了这个人，并且对我自己作为一名有经验的领导者没有足够自信，团队产出的成果并不突出，而且是花了足足十八个月的时间才有产出。

驱动力

作为领导，你如何激励员工？如何让员工保持干劲儿？想要成为一名有影响力的领导，你必须意识到让团队积极投入地工作是你的职责。许多领导者认为金钱、头衔足以激励员工，但这是不够的，特别是在当前劳动力市场竞争如此激烈的情况下。想一想世界上正发生着的长江后浪推前浪、新老人口的交替变化，金钱或头衔不足以留住组织中优秀的人才。今天的员工希望每天上班时都充满干劲儿和灵感。作为当代的领导者，你必须承认创造这种干劲儿是你的职责之一。

概括起来，我认为大多数人被三件事驱动：金钱、职称 / 晋升以及大家所公认的“好样儿的”。作为一家初创公司的领导者，对于你要聘用作为直接下属的人，你要弄清楚他的最主要驱动力来自哪一项，因为你必须评判你或公司是否能够提供这些驱动力，能让新入职的高级人才有足够动力留在你身边，至少能持续到帮你达成关键目标之时。记住：这不仅仅是说今天你必须提供什么，而且是你能在未来公司不断完成目标、创造价值的过程中，继续提供和传递些什么。

作为成熟组织中的领导，你必须迅速融入团队，了解是什么驱动着他们。没有什么可以取代花时间和员工相处，了解是什么驱动他们。虽然人们确实在乎钱，但钱不是唯一的驱动因素。我发现，虽然人们很在乎自己的薪酬，但他们也看重自己的工作得到正式或非正式的认同。他们关心的是组织在做重要决策时是否将他们考虑在内，询问他们的意见。一些员工关心的是休息时间，或者是完成工作的方式和时间上的灵活性。如果你能处理好每一种关键的关系，利用好最能激励员工的因素，而不只限于金钱上的报酬，你就会成为一个更有效率的领导者，获得团队的尊重，留住最好的员工，吸引来新的员工。

我学到的最重要的领导力课程之一就是，当你为员工、员工的职业道路和他们的成功投入精力时，人们会有多看重你的投入。当你以领导者的身份花时间了解团队的发展需求，创造机会和项目，让他们学习和提升专业素养时，他们不仅会感激，还会产生一种难以言表的纽带关系。如果一个人觉得公司领导在为他的成功持续进行投入，他就很难离开公司。有两件事在这里起作用：第一，当你支持某些人时，你就建立了一种忠诚感，因为你为他们所做的一切会让他们觉得欠了你的人情；第二，他们心里清楚，如果他们留在公司工作，你将持续助力他们的成功。总的来说，这是员工留在公司的两个强大驱动力。最后，不要低估一个事实：人们喜欢和自己欣赏、钦佩或乐意与之相处的人一起工作。虽然我们不常在领导力中说到“讨人喜欢”这一因素，但这仍是驱动和留住优秀人才的强大工具。

如果你能够帮助他人了解他们在公司的职业发展路径，这也将是留住优秀人才的有效工具。现在来谈谈我看到的明显的代沟。大多数婴儿潮一代和X世代在他们职业生涯的各种曲折中没有明确的方向，他们学会了如何在不舒服的工作中默不作声。我不是说他们完全都是在默默无闻地工作，没有清晰的职业道路。在大多数组织中，路径很清晰，从经理会一路被提拔为副总裁、高级执行副总裁。在投资银行，顺序则是助理、副总裁、执行董事、常务董事。然而，一个人在每个级别中应当承担哪些不同的角色和职责可能是不清晰的。就像我在本书前文提到的，千禧一代和Z世代高度重视透明度，你自己或公司对他们的职业发展方向的意图和规划越透明，他们就越有可能被激励，留在你身边、留在公司。

如果你对某人的职业道路有投入，并且你清楚地表达你会继续这样做，那么你极有可能以这种领导风格在行业中享有盛誉。优秀的求职者会非常有兴趣和你一起工作、愿意为你工作，更重要的是，他们愿意和你相处。正如老话说的，人们很少离开组织，他们离开的是人，所以你要让人知道你是那个愿意为他人投入的人。

04

第四章 拥抱并承担风险

第四颗领导力珍珠

在你的成功方程式中没有恐惧。领导者为了成长而冒险。

研究任何成功领导者的职业生涯，评价他们的失败和成功，你会发现他们有一个共同点：成功的领导者都是冒险者。无论是在内部会议上就关键的战略决策发表意见，还是向客户提出有难度的或自说自话的建议，投资昂贵的技术或流程，聘用高级员工，为他人打抱不平，强大的领导者总是在冒险，迈出舒适区，在对公司至关重要的决策上押大的赌注。这些人接下派遣海外的工作，经常离开家人、朋友以及他们内部的职业支持。这些人承担起扭转局面的重任，组建新部门，关闭工厂，向权力讲真话，即使当领导者并不容易接近的时候。

在我的书《期望取胜》中，我定义了三种类型的风险：预期风险、潜在风险和背离信念风险。要成为一名强大且有影响力的领导者，你不仅必须知道如何识别这些风险，还必须制定策略，知道何时采取行动、何时利用这些风险。

我见过许多聪明、出众的职场人，他们拥有优秀的技能和证书，却未能在专业发展和晋升的道路上高歌猛进，那是因为他们害怕失败。他们不愿意为了前进做没必要的冒险，宁可维持现状，认定某些事或某些人会出现，排除前进过程中的风险、扫清道路。

我曾经和一家《财富》500强公司的新任首席执行官有过一次交谈。他告诉我，即使他已经奋斗了整整30年，最终坐上了这个最高职位，但他在被委任这一职位时三缄其口，几乎要对任命说“不”！当我问他当时在担心什么时，他的回答是“当首席执行官的风险”。

他解释道：“作为首席执行官，我所做的一切都是公开的。如果我做了一个糟糕的决定，董事会会知道，员工会知道，我的直接下属和市场上的人都会知道。举个例子，如果这个决定在一段时间内对股价产生负面影响，它不仅会让我失去工作，而且想一想我所处的风光位置，还可能会终结我的职业生涯。卡拉，如果你冒险尝试新的机会但没有成功，你可以换个项目、换个部门甚至换家公司重新来过。但作为首席执行官，我享受不到这种奢侈。”

他的大部分观点可能是对的，但他提醒自己，他是一个拥有30年经验的聪明人，最终他从缄默中奋起。“我也许没见过这家公司可能发生的每一种情况，”他说，“但我有承担过预期风险的经验，我对自己思考和解决问题的能力有信心，更重要的是，作为CEO我可以很容易地接触到公司里最优秀的人才、接触到行业领袖，向他们寻求帮助。我以前也遇到过困难，但成功地解决了。我有渡过难关的经验，如果我以前做到过，我就还能做到。”

通过分析，他能够接受最高职位伴生的风险，抓住了这个对自己和公司而言都极好的机会。他成为公司近百年历史中最优秀的首席执行官之一，做出了对公司具有变革性的战略决策，使公司在接下来的十年中成为行业领导者。

就像这位首席执行官一样，你必须学会回顾、接受和信任自己的资历和业绩记录。作为一名职场人，你已经在你的生命中做到了很多个第一次。读书时，第一次完成论文、准备并通过重要考试；第一次在人群面前讲话；第一次开始友谊、建立关系；从大学、研究生院或者其他高等教育机构毕业；你得到了第一份工作，随后开始了第一项任务。你也有一系列成功的第一次。你已经做了很多事情，都是第一次，而且都很成功。那为什么要怀疑自己不能再做一次呢？

对了，顺便说一句，你也做过一些没有成功的事情，是人都会有失望的时候。但事实上，如果你正在读这本书，你已经从失望中满血复活了。更重要的是，你从中学习到了一些东西，这种学习积极地影响着此后的每一次“尝试”。冒一次险，即使结果并不如你所愿，也总是能帮你积累经验，而经验对职场人是极其宝贵的，对领导者来说更是如此。

我在世界各地的大型会议和专题研讨会上发言，喜欢和听众聊天。我经常遇到希望升职的人。当我问他们为什么不放手去做时，乍一听，他们有非常合理、清晰的理由来解释为什么不能放开了做。然而，一旦我开始深入挖掘他们精心呈现的观点并对他们的理由提出反驳，就会发现其中有一个重要因素导致了他们的束手束脚。无论他们的性别、是高级员工还是初级员工，他们不“加油”的最根本原因是害怕。

害怕是人们在职业生涯中止步不前的最大障碍之一，尤其是对那些想要晋升到领导职位的个人贡献者来说。

领导力宝石：

让你更适应冒险的方法就是去冒险。

四种害怕

害怕可以分为四种：害怕失败，害怕他人的评价，害怕成功，害怕机会有限。

1. 害怕失败

我听到的人们不冒险的首要原因是害怕失败。我觉得这种害怕特别奇怪。每个人都有失败的时候。无论是一段糟糕的感情，应聘工作被拒，第一次骑自行车，在课堂上回答问题，人生都有你想要但没有得到的东西。那么失败有什么大不了的呢？

当我思索自己的职业生涯时，我发现我失败过很多次。但每次失败，我都会学到一些东西，而且往往是很有价值的东西。经由失败，我学会了如何成为一名投资银行家，我了解了我自己。例如，我如何应对压力，当我没有做好充分准备时会发生什么，我应该如何表现才能处理好一段关系，我也学会了如何做新的事情。

事实上，我从失败中学到的比从成功中学到的更多，我的同事和我见过的其他冒险失败的人也是如此。很多时候，他们最终坐上了更高的职位，或者因为打破常规，为公司抓住机会而受到称赞。

人们通常认为风险带来的成本过高。大部分职场人认为，特别是对初入职场的人来说，工作上的失败会令人丢掉这份工作。但以我的经验来看，给人带来伤害的不是失败本身，而是你如何解读失败，如何面对失败，最重要的是你如何走出失败的阴影。

我犯过的最大错误之一发生在我加入股权资本市场团队，开始在辛迪加部门做交易定价之后不久。进入团队后，我花了两年时间才在辛迪加部门获得一席之地，该部门负责代表公司为客户执行股票交易的定价。

我被安排为一家工业公司的交易定价。前一天，我的同事利用裸卖空策略成功地为一笔交易定价。裸卖空是一个术语，指一家公司发行证券筹集资金时，承销商从该公司购买的证券数量与承销商出售给投资者的证券数量之间的差额。承销商超额卖出的数量称为裸卖空。

为了将股票分销给承销商吸引的投资者，承销商必须在公开市场上购买额外的股票。当承销商猜测在交易定价后，投资者卖出股票的意愿将大于买入意愿，从而给股价带来下行压力时，他们就会使用这一策略。当承销商在公开市场上买入股票，从而“回补”裸卖空超出的数量时，它就能为股价提供支持，使股价要么稳定在交易定价，要么略高于交易定价，除非卖出意愿远远超出买入意愿。这通常是用来支持交易定价的典型“工具”，这样股价就不会低于交易定价。

事实是，我当时不理解裸卖空的意思，也不懂应该在什么情况下使用这一策略。尽管如此，我还是决定和我的同事一样，在我正在做交易定价和分销的这项交易上使用裸卖空策略。

只有在对交易的需求呈现疲软状态，并且交易负责人预计第二天市场上可能会有很大的来自持股人的抛售压力时，交易负责人才会使用裸卖空策略。也就是说，如果在定价的后一天，有更多的投资者希望趁着交易创造的流动性卖出，但是买入股票的需求不足，那么股票的价格就会下跌。事实上，很有可能跌破交易定价。一言以蔽之，这是承销商最不愿意看到的事。这对于承销商及其客户，对于那些购买并持有股票，但因股价跌破其买入价而不高兴的新投资者都是不利的，因为他们今天持有的股票比昨天的股票价值更低了！

另外，如果一笔交易很抢手，对该股票的需求远远大于承销商从该公司购买的股票，那么就没有理由进行裸卖空。这种需求是一个相当确定的信号，表明人们买入股票的意愿大于卖出股票的意愿，并且完成交易定价之后的市场价格将会上涨。

到了给我的交易定价和分销时，我心想："好吧，他裸着去了，交易进行得很顺利，那我也裸着去，我的交易肯定也会成功。"在定价时，我的股票获得了大量超额认购，这是一个很好的迹象，预示着后续市场对股票的买入需求会很大。而且，不仅交易定价会很高，股价还甚至有可能涨到超过交易定价。投资者的需求极有可能在第二天推高股价。另外，如果承销商选择裸卖空，承销商就永远不可能在投资者之前买股票。这意味着，如果我裸卖空，我必须等到投资者买入股票之后，我才能买入股票平仓，届时价格可能会高得多，我的公司将花费大量资金用于平仓。

第二天股票开盘，股价像火箭一样直线上升！悲催的是，我很难买入股票来补平裸卖空。股价不断上涨。很显然，我犯了一个巨大的错误！我甚至会说，这简直是场灾难！在股票交易的第一天，一位高级总经理对我犯下的巨大错误大发雷霆。他四处走动，向交易大厅里任何愿意倾听的人大声讲述这将如何令公司损失大笔资金，质问怎么会发生这样的事，等等。

请注意：他从来没有直接和我说过话，但每个人都知道他是在说我。在交易的第二天，我仍然没有能够回补空头。他又一次在交易大厅里大吼大叫，说我的错误将会给整个部门、整个团队乃至整个公司带来多大的损失。就在这一刻，我对自己说："再这样下去会限制我的职业发展，我需要做点什么或说点什么。"

交易的第三天，他再次激动地开始长篇大论。但这次我走到他跟前说："我能和您在会议室里说几句话吗？"我们走进会议室，我随手把门关上。"我想和您谈一谈，因为我听到您和很多人谈论几天前我在交易定价上犯的巨大错误，"我说，"我显然不明白什么是裸卖空，我承认这是我犯的一个巨大错误。不过，我想向您保证，我现在知道什么是裸卖空了。实际上，我知道什么是裸、半裸、不裸的卖空！我还想让您了解，我犯下错误，这是个例外，而不是常规。我保证这样的事绝对不会再发生了。我也知道您会把我的最大利益放在心上，所以我们以后不再谈论这次事件了，对吗？"然后我看着他的眼睛，笑了。那是我最后一次听到他提起这件事。

我从这次经历中学到了很多。首先，我学会了不懂就问，这没什么不好意思的。然而，我们常常害怕承认我们不懂。这尤其适合那些身居高位的人。记住：没有人是无所不知的。仅仅因为你在一两件事情上需要帮助，并不会削弱你的权力、力量或威信。实际上，当你有勇气提出问题或寻求帮助时，你就表现出了领导力和自信。

其次，我学会犯了错就承认！永远不要让别人对你的错误进行描述。我应该是那个在交易大厅里对我的同事大谈特谈所犯错误的人。这样一来，我就减弱了其他人对我境遇的影响。

最后，我学会了当遇到恶人时，直面他。让他们知道“我看到你了”，当你直面恶人，你就剥夺了他们的力量。

这是一个巨大的错误，但我挺了过来，重新来过。这个错误并没有成为我职业上的障碍，相反，它成了我的工具箱中非常有用的技能。后来，我成为辛迪加部门的高层之一，我的客户和同事交口称赞我的工作。相信我，我知道犯错误的感觉非常糟糕，但承认错误，你就能主动掌控别人对你所犯错误的评价。

领导力宝石：

如果你放任别人用你的错误来对付你，或者用作不给你新任务、新角色、升职的理由，你就是在放弃自己的力量。

每个人都会犯错。你可以在下一项工作中充分利用这一次的错误，因为它给了你以前没有的经验和知识，你可以在遇到下一个对你成功有影响的挑战时使用它。

在你付出努力却没有成功的情况下，这颗领导力珍珠也适用。你应该承担后果，做第一个把事情说清楚并且提供替代方案（如果有的话）的人。我在 2012 年的第三季度用到了这颗领导力珍珠。2008 年，我冒了职业生涯中第一次公司内创业的风险。为帮助公司启动并向市场引入一只新兴管理人基金，我离开了资本市场的高级职位，在那里我已经非常成功地工作了近 20 年并被认为是一个有影响力的高级领导。

“新兴管理人基金”最常用于描述由女性和非裔、西班牙裔或亚裔美国人作为基金经理设立和经营的资产管理公司，他们管理所有资产类别的资本——股权和固定收益。

由于公共养老基金和大型私人捐赠基金（例如大学或企业员工基金）等大型资产管理机构不愿将大量资金配置给规模较小的基金管理人，新兴的基金管理人长期以来一直面临着提升量级和规模的挑战。许多大型资产管理机构都有一个规定，即作为投资者，他们的资产在基金管理人所管理资产中的占比不得超过20%。我的想法是，如果我们能募集一只基金，分配并投资于那些小规模基金管理人，我们就能够拉动对他们的其他投资。这将从根本上改变这些大的资产管理机构群体对小规模基金管理人的看法和投资方式。

虽然我们非常顺利地打入了这一群体，与大型养老基金和捐赠基金有了富于建设性、变革性的沟通，并与许多新兴基金管理人建立了联系，我们最终却未能成功募集到资金。为什么？

首先，当我在2008年9月初着手建立这只基金及其投资主题时，50年来最大的金融危机在9月的第3周开始暴发。各种各样的投资者都在拼命地保护自己的资产。

其次，与潜在投资者的正式交流直到2009年的年中才开始，机构投资者群体的风险偏好已经显著下降，尤其对我们这样的私募结构而言。

再次，我那时完全不了解，对于一个首次募集资金的团队，以前从未作为一个团队共同投资过，大部分投资者是不愿意投入资金的，因为作为一个新团队，我们从来没有过成功的投资业绩。而且，如果你是头一次把一个概念引入市场，筹集资金会非常困难，因为没有投资者真的愿意成为全新战略的第一个吃螃蟹的人。

最后，我们向市场推出的新产品采用了前所未有的结构，从根本上说，这是一只新基金的首个产品，资产管理机构很难接纳这样的产品。首次组建团队的首只基金，注定了要面临挑战，在正常情况下都会面临飓风般的阻力，更不用说面对的是金融风暴了。此外，我们还面临着立法的变化（适用于我们基金的“沃尔克法则”出台，我们公司也进行了彻底变革），以及大型公共和私人养老基金对私募股权的过度配置，这是市场崩溃造成的局面，这种局面使它们极不可能对私募股权基金进行新的配置。

在为基金做了两年的营销之后，我不得不告诉我的老板，在这种市场环境下不可能做成交易。我们与每一位有可能主导这项投资并使基金运行成功的理性投资者都沟通过，对这一点我很满意。我列出了他们不愿意投资的原因并建议我们暂停做这件事。我就以下几点提出了建议：如何向已投资于这一基金的投资者和广大市场传达这个信息；我们如何保留选择的余地，在未来回归市场；如何基于我们当前对投资者的兴趣和偏好结构的了解继续前进。

我的老板非常欣赏我处理事情的方式和提出的建议，同意投资基金的有限合伙人也和我的老板持同样态度。因此，我的老板一直是支持卡拉·哈里斯担任领导，也一直支持我在公司的升迁，直到最后我升任公司副主席。

此外，作为关于我们的基金没有募集完成的消息被市场接受的证据，其中一位投资者仍然相信我们的投资主题和拟采取的结构。该基金与他们公司的目标完全吻合。尽管立法和市场发生了变化，他们仍然要求我们接受他们最初承诺的一部分投资，使用相同的策略投资于一个单独管理的账户。这对我们公司来说是巨大的成功！

10 年后回首这段经历，我仍然相信这次冒险对我的职业生涯来说非常重要。即使我们没有成功运行基金，但承担风险的好处是显而易见的，它并没有折腾光我未来发展的资本。在《期望取胜》一书中，我与大家分享了三个问题，无论是初入职场的人，还是像我这样的成熟领导者，在决定是否冒险时都应该问一问自己下列问题。

第一个问题：冒险给你带来的技能和经验，是不是你在现有岗位上再做满 12 个月也得不到的？当我做那个决定时，我认为金融危机会持续几年，我不太可能有新的交易要做，至少不太可能有与过去明显不同的交易。考虑到金融危机对整个市场的负面影响，当时进行的交易很少，如果我留在资本市场的岗位上，我就没有机会为自己的知识和经验工具箱添加任何工具。另外，在为新基金工作的头 6 个月里，我学习到了巨量的投资管理领域的知识，包括资产管理机构如何以及为什么做出正在执行中的投资决策；它们在选择投资经理时最重要的考量标准是什么；顾问在投资经理指派的任务中起到什么作用以及其他重要经验。我了解到金融业中一个全新的、规模巨大的垂直领域，它是我在 25 年的金融业生涯中从未接触过的。

第二个问题：风险会让你接触到的人群、关系和人脉，是不是你在现有岗位上再做满 12 个月也接触不到的？尽管我不知道金融危机会有多糟糕，但我在做决定时就知道，我必须接近养老基金、捐赠基金和企业员工基金的投资者，和他们建立关系，即使我以前从未接触过这类投资者。无论发生什么，接触新类别的投资者对我的投资银行家生涯都是有价值的。正如我之前提到的，在金融危机的头两年里，即2008年和2009年，市场上没有几桩交易在进行。因此，我不可能在自己的关系网中增加首席某某官级别的客户。然而，在与那些资产管理者展开探索性对话，甚至在正式推销这只基金的过程中，我与首席信息官、州财务官、市政官员、公司首席财务官以及其他机构投资者领域的领导者建立了有意义的关系，要知道我此前从未有机会接触这些人。我还把公司的其他领导者介绍给了其中一些关键的决策者，这为公司带来了持续的业务合作。而且，在资本市场复苏和对新兴管理人基金的投资增长后，我们受邀参与了一些新兴管理人基金的投资委托竞标，这促成了我们另类投资领域管理资产的增加。

第三个问题：承担风险是否会令你个人未来的"机会决策树"长出新的分支？换句话说，你追求的机会或者你要做的事情，是不是你在现有岗位上再做满12个月也接触不到的？如果我在资本市场部门再待12个月，在没有新的交易、没有新的客户关系、没有新的交易结构引入市场的情况下，我将不会获得与之前相比有任何不同的机会。当我进入投资管理领域，我不仅了解到金融业中一个全新的垂直领域，还从这段经历中学到了足够多的东西，让我能信心满满地去领导一家投资管理公司！

当我"举手"接受这个激动人心的新机会，毫无疑问，这对我和我已经积累的成绩来说都是一个极大的冒险。我作为一名在并购和资本市场上非常成功的资本市场银行家，在公司内外享有盛誉。但如果我由于害怕自己作为一名成功的投资银行家和资本市场领导者的记录受损，不去冒险，我就会失去获得上述知识、技能和人脉的机会，而我后来正是借助它们进一步推动了我在公司的成功。维持好资历和利用好经历的关键是我如何管理自己的经验，完全接受好的、坏的、丑陋的，分清楚什么时候是应该将一件事当作一件事来做的时机，什么时候是无论如何努力都不会成功的时候。

2. 害怕他人的评价：成绩和多样性

为了有效地领导，你必须把自己从别人会说什么的害怕中解放出来。在我与领导者的对话中，特别是在美国新冠疫情暴发和种族不平等导致的社会动荡期间，许多领导者显然知道他们需要采取何种行动来创造更具包容性的工作环境，知道需要做什么来激发更高水平的创新。但他们担心内部或外部利益相关方的态度，以及他们会对自己的行动说些什么。与多样性、公平性和包容性（DEI）相关的行动尤其如此，这一点在 2020 年乔治·弗洛伊德被杀事件后更加被重视。

我与无数不同种族和性别的领导者交谈过。有趣的是，那些意识到自己公司文化不够理想（也就是说，不包容、不接纳、不鼓励每个人充分贡献力量）的男性领导者是最害怕做出改变的。如果为产生长久、可持续的结果而做必要的改变，别人会说什么？这种害怕别人说什么的心态让他们裹足不前。

在一次与《财富》200 强公司的一位首席执行官（白人男性）关于如何将多样性的重要性传达给他直接管理的高级经理的对话中，他问我：“卡拉，我该怎么处理白人男性的问题？如果我把你建议的人事变动告诉员工，我会听到他们的意见。他们会想：这对我意味着什么？对我的职业意味着什么？我如何才能让人们同意呢？”

我必须承认，他的问题如此坦率，让我有些吃惊。我很清楚，他全心全意地相信，如果他能够成功地实施旨在创造一个更包容环境的文化变革，他的组织必将变得更强大。然而，在他担任首席执行官的四年里，由于担心得不到恰当的回应，他一直没有推进多样性、公平性和包容性的发展。

和他的高管一样，就连他也被一种误解所束缚，认为给所有人创造平等是一场零和游戏。他不懂得为一个群体创造机会和公平，不用以剥夺另一个群体的利益为代价。正是这种害怕给世界上大多数组织的变革造成了障碍。我个人认为他所担心的是如果他没有就这个问题得到答案，他将无法让员工赞同公司多样性、公平性和包容性的发展，也将失去他在这个强大集团中的地位。

领导力宝石：

包容不是把一个群体手中的东西夺走，送给另一个群体。扩大团队，将拥有不同视角、背景、思路和问题解决技能的人涵盖进来，是提升创造力和引领市场革新的关键。没有成功的包容，就不可能有持续的创新。

“当你被问‘我怎么办？我为什么要接受这个？’或者‘这样的变化对我和我的团队有什么样的好处？’时，”我向这位首席执行官解释道，“你可以这么说……我们姑且把提问的人叫作弗雷德。弗雷德，我理解你还没有看到多样性和包容性会带给我们的好处，但我相信，它们将使得我们所有人合力做出更大的贡献。我们必须创造一个环境，让我们各种各样的同事感到他们在公司公平地享有机会，他们的声音和贡献受到高度重视。当我们在市场上建立起具有多样性、公平性和包容性的雇主声誉时，我们就更加能够吸引其他不同背景的优

秀人才加入我们。”我们都知道，研究表明多样化的团队会表现得更好，更具创新性，对成果的影响更大。这将使我们所做的技术和运营投资获得更高回报，产生更多收入和利润，更好地留住组织中最优秀的人才。而且，这会为我们的股东创造更大价值，别忘了，我们都是股东。何况，这还意味着你和我都会获得更高的报酬。

我继续说道：“如果我是对的，弗雷德，我们所有人的蛋糕都变大了。我需要你在接下来的两个季度里，你不必参与我们的任何工作，但我请求你不要妨碍我们。当提起多样性、公平性和包容性的话题时，我不想听到任何负面的谈话或肢体语言，什么都不想听到。现在，你只有一个 12 英寸[①]大的蛋糕的 1/8。如果我是对的，蛋糕会由于我所说的那些原因而变大，那你就会得到一个 16 英寸蛋糕的 1/8，你的那块会更值钱。如果我是对的，我们开始看到我预测的结果，那么我希望你全力以赴，完全接受、支持和促进我们在多样性、公平性和包容性上的努力。如果到那时你仍然不愿意这么做，我们再进行一次不一样的谈话，好吗？”

“卡拉，这是我到目前为止听到过的最好的解释，”首席执行官说，“我会运用你的‘蛋糕’论点，并让你知道结果如何。”几个月后，他打来电话报告说，“弗雷德”完全进入了角色，并与其他领导者一起推动了首席执行官创造一个更具包容性环境的愿景。这段经历让我自己恍然大悟的是，不仅仅是害怕限制了这位首席执行官成为更强大的领导者，他不知该如何去执行是创造变革和释放组织中巨大潜力的另一个障碍。

我敦促作为领导者的你，要有勇气利用你的人际关系，不仅要

① 1 英寸 =0.0254 米。

在“是什么”的问题上寻求帮助，还要在“如何做”的问题上寻求帮助，特别是在面对多样性和公平性等较为棘手或敏感的话题时。身为领导者，如果你没有亲身经历过一些更具挑战意义的多样性、公平性和包容性的问题，缺少对这些问题的洞察，就要利用组织内部那些经历过的人的丰富经验，以更好地理解和制定策略，帮助员工在敏感问题上把握好尺度。如果一位领导者没有勇气提出在他心里清楚浮现的问题，而这个问题恰恰是继续为公司做出积极改变的障碍，他就不会取得进步，无论是身为一个人的进步，还是作为领导者的进步。如果他让自己屈服于对别人会说什么的害怕，他就不会和我进行这次对话，他会在没有找到可能的解决方案的情况下离开，无法让高层领导团队实现他的愿景，也无法释放组织的巨大潜能。

在今天的环境中，害怕别人说什么是非常棘手的一件事。过去，许多公司强烈认为公开谈论它们在多样性、公平性和包容性方面的观点和挑战不是它们应该做的事。而且，人们普遍认为，公司、首席执行官和其他高管摆明立场公开谈论重要的社会问题是不合适的。例如，近年来在美国，我们目睹了一系列针对非裔美国人、亚裔美国人、犹太裔美国人和其他种族的种族暴力事件。几个州通过了一些措施，旨在通过修改选民身份法、清理选民名册等办法，使美国人，特别是少数族裔、老年人、学生和残疾人更难进行投票。事实上，许多公司都有禁止高管和员工发声的制度，它们强烈认为不应该公开它们对这些问题的支持，也不应该公开它们对致力于解决这些问题的组织的支持。

然而，在 2020 年，我们看到了变化。公司（通常是它们的首席执行官）开始发声，分享他们在改善社会种族问题或其他不平等问题上的立场。是什么变了？高度重视透明度的千禧一代和Z世代对话语权有着强烈的需求。作为员工、股东和社区公民，他们聆听一家公司或一位领导者谈论影响他们的问题。突然间，公司不得不对这些重要的利益相关方的要求做出回应，他们要求公司和领导者个人表明在这些问题上的立场，而这些群体最常使用的工具就是社交媒体。在2020年，对这种来自公司的声音的需求是如此强烈，以至于一个组织或领导者的沉默可能会被误解并对其品牌和公司市值产生负面影响。

我们第一次看到很多企业领导者公开了他们个人的观念，也代表他们的组织阐述了在这些问题上的立场。2020年成为一个标志年份，在这一年，相较于害怕别人会说什么，人们更加害怕对利益相关方关心的重要问题不畅所欲言可能带来的后果。最终，许多组织因为在这些问题上行使了他们的话语权而股价上涨或得到更多的慈善支持。这是一颗耀眼的领导力明珠。

发声是推动组织变革的有力工具，尤其在推动文化转型方面，比如创造一个更加多元和包容的环境。要成为一名强有力的领导者，你必须愿意承担发声的风险，特别是在内部对你的员工发声，对令你不舒服或已经遇到过的问题发声。

领导力宝石：

虽然在种族、性别和不平等这类社会问题上发声可能会让人不舒服，但请记住：没有一种改变是舒服的。伟大的领导者要学会让这种不舒服变得舒服。

2020年，我们经历了一个又一个由种族不平等引发的可怕事件，我强烈鼓励首席某某官开启对员工的倾听之旅，或者就种族、性别和内部机会获取等话题展开我所说的勇敢对话。组织内部有很多法律和人力资源部门的领导者，要么反对进行这种对话，要么害怕进行这种对话。但我们必须承认，外部环境和我们周围的世界显然正在影响着美国各地组织的内部文化。当幻想破灭、心怀不满的员工每天到办公室或使用Zoom和微软Teams等电子平台远程办公时，许多领导者冒着风险开始了倾听和学习之旅。一年后，所有接受我建议的领导者都会说，虽然他们还有很长的路要走，但因为他们开始了对话，今天他们的组织变得更好了。

领导者害怕进行这些对话，不仅是因为他们担心可能会引发诉讼，或暴露公司人力资源制度和流程中的漏洞，还因为他们担心自己会说错话，冒犯别人，或者问出“愚蠢”的问题。领导者害怕自己看起来无知或无能。他们害怕在这些“敏感”的话题上说错话，遭到一个或多个群体的大规模反对。他们担心自己的错误被社交媒体、有线新闻或者《华尔街日报》头版曝光。由于这些害怕，那些在其他方面非常强大、果断、擅长做大多数事情的领导者无法充分发挥自己的潜力。他们放任自己的害怕，阻止自己参与到那些可以教育、告知和激励自己在组织内做出变革的对话中。变革将带来更敬业、更高效和更创新的文化，为客户带来更好的产品，并留住更多的有色人种和女性。

再说一遍，我通常不会基于种族给人们贴标签。但是，根据我的经验，虽然白人领导者往往害怕人们会说什么，我发现在同样情形下，黑人领导者所害怕的东西不一样。包括我在内的黑人领导者害怕的往往是，如果他们只是表达了一个与主流意见或其他大多数同事或领导层的意见相反的观点，别人会说什么。我们倾向于担心，如果我们分享自己的个人经历，或另一个有色人种的经历，表示那段经历是不公正、不公平的，或者暗示不公平的竞争环境，其他人“可能会不喜欢”。

正如我们将在第六章中讨论的，伟大领导者的标志之一是行使自己的话语权，我喜欢称之为“让一件事成为一件事”。重要的是所有的领导者，尤其是黑人领导者，在见到或经历他们认为是错误或不公平的事情时，要站出来发声，大声疾呼。不大声说出来，不问问题，不表达出某件事对你很重要，会让你周围的人觉得这件事对你而言可能并不重要。如果作为黑人领导者的我们选择身处某个环境中，那么大声指出那些有损于创造包容性环境的事，尽自己的一份力量改善环境，将变得非常重要。我们不应该被自己对他人反应的预测所束缚。

当涉及职场晋升时尤其如此。我吃了不少苦头才明白：“如果你不提，你就得不到。”作为黑人领导者，我们必须明确我们对晋升、任务和机会的期待。很多时候，我看到各行各业真正优秀的有色人种领导者在等待升迁时，往往等待别人来选择或提拔他们。当事情没有像预期的那样发展，他们就会感到失望、幻灭，往往会离开公司或者安于不能发挥出他们最佳能力的职位。我的建议，尤其是作为领导者，是问问题：“发生了什么？”“我为什么没有得到那个机会？”当一个领导者向组织提出问题时，会产生非同寻常的影响。它常常会暴露文化中的不平等，这种不平等阻碍了一个组织在市场上发挥最大的竞争力。

多样性、公平性和包容性历来都是领导者难以接受和感到不舒服的话题，在此之前，人们对解决这些问题和出错的恐惧压倒了对这样做的回报的预期。我理解这种恐惧。我知道现在首席执行官还不认为创建更具多样性和包容性的公司文化的重要程度超过他们的业绩。事实上，大多数公司的董事会此前都将这个话题视为“有也不错”或“道德层面的事情”，并没有将首席执行官对有意义的文化变革的责任作为一项评估指标。

大多数领导者就任领导职位的目的是让组织或公司比他们上任之前变得更好。当首席执行官退休时，他们希望能够列出他们的功劳、成就，例如股价上涨了两到三倍，一个成功的并购，两位百分数的收入或利润增长。大学校长希望能够将破纪录的筹款和新的建筑作为他们功绩的一部分。非营利组织的领导者希望有一次成功的募款活动，组织中员工数量增加，预算翻倍，或者所帮扶的群体数量增加。无论是董事会评估首席执行官，校董会评估大学校长，还是顾问委员会评估慈善组织领导者，在此之前多样性、包容性和公平性都不是评估领导者功绩的前三大指标或贡献因素。

然而，情况已经不同以往。在今天的环境下，首席执行官或任何领导者的功劳将部分取决于他们在多大程度上改变和重新定义了公司或组织的文化，使之成为一个更具包容性、接纳多样性的文化。过去由于多样性、公平性和包容性不被认为是首席执行官功劳的重要组成部分，有人可能会说，如果前三位首席执行官未能进行全面的文化变革——比如将环境变得更有包容性——而公司存活下来了，甚至发展壮大了，那现任首席执行官为什么要努力进行这些变革呢？为什么要冒着失败和损害个人功劳簿的风险接受挑战，致力于这些令人不舒服的敏感主题呢?

多样性和包容性之前一直与害怕联系在一起。过去，领导者说服自己，要将环境变得具有多样性和包容性，必须做一些“巨大的改变”，而这是“困难”的。毕竟，大多数人都认同“改变是艰难的”这一格言，在此之前，大部分公司董事会并不将创建包容性文化视为成功的先决条件，也不将其视为组织未来的首要战略目标。

但是，我们现在身处于一个完全不同的环境。包容的公司文化已经成为职场中崛起的主力——千禧一代的基本要求。正如本书后面要讨论的那样，这些人至少要求他们的工作场所有三样东西：透明度、包容性和反馈。当其中一个或多个缺失，年轻的职场人将不太可能加入一个组织。即使他们加入了，一旦发现环境和他们预期的不一样，就不太可能留下来。

因此，如果领导者不能成功地带领组织经历这种有着转型意义的文化变革，如果公司没有迅速转变以适应这种新现实的敏捷性，他们会发现自己不再是其所在行业的最佳雇主。害怕别人会说什么或害怕有损自己的功劳簿不能作为这种失败的正当理由。

即使是那些在走向变革和更包容文化的道路上游刃有余，可以满怀激情地谈论多样性和包容性话题的领导者，在他们辞藻优美、鼓舞人心的演讲结尾说“这要假以时日，这有难度”时，我就知道，他们坐在领导位置上能做出重大改变的事情极少。因为在他们眼里，这太难了。他们害怕别人会说些什么，他们认为如果他们做得不对，他们的领导功劳簿将面临太大风险。

在一对一的会议上，当我有机会问领导者他们觉得变革的真正障碍是什么时，他们的回答总是一样。“太难了。如果这些变革不起作用，如果它令我们失去利润和收入，如果我因为这些变革失去优秀的人才，董事会将怎么说？”在一次对谈中，一家《财富》250强公司的领导说：“我们不能打个响指就让一切都公平。这些事情需要时间。我们不可能强迫每个人都以某种方式行事；我们必须让人们随着时间的推移逐渐接受。”

这位领导者不认同改善文化的战略必要性，也不理解在组织中拥有多样化的领导者群体与公司的市场竞争力之间的关联。不用说，在推动变革方面，这个组织前进的速度极慢，失去了许多优秀的女性领导者和有色人种领导者。该公司目前在业内以“不适合工作的地方”著称，并将几个百分点的市场份额拱手让给了排名和它相差无几的竞争对手。

在提升企业文化的过程中，领导者经常会感到暴露于风险中的可怕。当他们试图引领一场大规模的技术革新，或者将业务扩张到新的国家或地区，甚至从竞争对手那里挖知名人才时，作为领导者，他们通常能够获得掩护和支持，在上述情况下，即使都失败了，也能够以环境外因作为理由。例如，在人才的竞争中，每个人都知道，一个组织给出的报酬可以高于另一个，组织不太可能让它们最好的人才离开自己去为竞争对手工作。人们承认技术变革充满了风险，特别是与人相关的风险，比如由对的人来推动变革，让人们使用新技术等。（但在企业文化变革中，领导者认为得不到那样的掩护和支持。）

当然，如果对文化变革带来的风险有掩护和支持，领导者可能会有勇气向前迈进，就像他们对技术变革所做的那样。但是对于文化变革，由于还没有太多证据和数据指向某个成功模式，领导者往往会觉得出错以及与这种变革相关的公众曝光的风险太大了。

我们从应对新冠疫情大流行和社会动荡的过程中发现，我们目前所处的环境有一个优势，那就是这些类型的环境为变革和支持变革创造了巨大的机会。我最喜欢的一句话是“混乱孕育机遇”，考虑到这两种现象造成的混乱，一个前所未有的机会出现了，让领导者可以对公司文化进行必要的改革。

领导力宝石：

危机和混乱往往提供了巨大的机会，接受重大风险的挑战，完成有意义的改变。

疫情和社会动荡为那些想要发起或撬动文化变革，但又不想承担反弹型风险的领导者提供了掩护。如果一个领导者试图进行这种文化变革，但没有奏效，他们可以说“新冠疫情创造了一个独特的环境，使执行变得困难”或者“社会动荡使广泛的采纳面临挑战”。这种混乱创造了一种人们乐于尝试新事物的环境，尤其是那些被标榜为富有成效、具有建设性及变革性、对人有利的事物。

3. 害怕成功

我清楚地记得第一次听到“害怕成功”时，我想：“那是什么？怎么居然会有人害怕成功呢？”当时我正在母校哈佛大学的校园里，聆听时任拉德克利夫学院院长的玛蒂娜·霍纳博士的演讲，她在这个演讲中概述了她最近发表的关于害怕成功的著作中的一些观点。那是我第一次接触到这个概念。我无法相信会有这样一种现象，有人会如此害怕无法控制一个结果或面对成功带来的负面反应，无论是个人的还是职业上的，以至于他们真的会停滞不前，无法推进项目、想法或过程。奇怪的是，我意识到看起来像拖延症的东西实际上可能是害怕。

我与处于职业生涯不同阶段的职场人有过数百次对话，遇到了无数具备领导实力、有抱负在组织中晋升的人。但他们中的许多人没有这么做，因为他们担心如果自己成功了所面临的问题。然后呢？他们的同事、朋友、社群会如何对待他们？他们能满足职业生涯下一阶段的要求吗？如果人们不接受他们的新角色呢？有些人甚至没有前进，因为他们在等待别人给他们许可，告诉他们可以或者应该这样做。

德里克出身寒微，他的大多数家庭成员、邻居和朋友读完高中之后，很少有人继续接受高等教育。然而，德里克在一所著名的四年制大学获得了学士学位，并在一家包装消费品公司找到了一份年薪 6 位数的工作。德里克在公司的头 5 年中获得了 4 次升职，被认为是公司最有潜力的员工之一，他显然走在通向管理层的道路上。

德里克无疑是他的家庭和朋友中最成功的人。他确保自己不去做任何会让他的职业发展偏离轨道的事。一天，德里克的老板找到他，要求他接受一项“拓展任务”。这需要德里克学习新的技能，与高级管理层接触，获得新的经验。老板明确表示，如果德里克成功完成这项任务，鉴于他的管理经验和盈亏平衡能力会由此增加，他将有资格提前升任副总裁。德里克的老板也给了他放弃这一机会的选择，他可以继续做自己现在的工作。老板相当肯定德里克在几年内仍会“按时”升职。

虽然德里克对自己能完成这项任务满怀信心，但他担心，如果他早早被提拔，他可能还没有准备好面对担任副总裁后随之而来的额外责任和压力。他不希望有任何事情干扰他目前的成功路线。德里克拒绝了这个机会，选择不去冒险加速职业生涯的发展。他选择留在目前的岗位上，他认为，就像他老板说的，他会在两年后得到提拔。因为他不知道早早被提升为副总裁后会发生什么，所以他相信留在目前的岗位是更好、更安全的选择。德里克以后可能还是会得到他的副总裁头衔，但因为他害怕成功错过了什么样的机会？两年内会发生什么事，也许与德里克的表现无关，但能改变决策过程。例如，领导层发生变化或者升职流程发生变化，抑或标准改了，怎么办？

4. 害怕机会有限

作为一名非裔美国人，在我的一生中经常听到这样的话："你必须倍加优秀，才能得到一半报酬"或"你只有一次犯错的机会"。事实上，我认识的大多数非裔职场人，其中许多人是婴儿潮一代或X世代，从他们孩提时代起，这些想法就被好心的父母和导师灌输到他们的意识当中，当然，在他们职场生涯的早期也是如此。

在我参加工作后，我遇到了来自其他种族的有色人种女性，她们也被灌输了同样的观念。当我反思自己冒险或不冒险的历史时，我意识到，在职业生涯早期，我之所以不愿意冒险，是因为我相信自己不会像那些肤色和我不一样的同事那样有那么多犯错的机会。我坚定地认为我必须非常小心地选择冒险。

毫无疑问，如果有人认为他们无法从犯错的风险中恢复过来，或者认为未来任何成功的机会都会因此而受阻，那么没有一个理智的人会去冒险。问题是，如果你不冒险，你就学不会如何冒险，而成功的冒险是一种后天习得的行为。冒险是你必须锻炼的一种力量。

如果你在职业生涯的早期没有学会如何冒险，你就不会有一个成功的冒险模式，这将限制你的个人成长和职业发展。你不会发展出一个思考过程，也学不会如何证明或反驳冒险行为。你无法培养你所需要的自信，无法培养对冒险时机进行判断的敏感度。更重要的是，你不会学到如何从与冒险相伴而来且不可避免的错误中恢复。

结果是你会耗用大量的时间避免犯错，而这会削弱你的创造和革新能力，因为你的注意力全放在不要用尽你所谓数量有限的机会上。正如我们在本章前面所讨论的，这一点特别重要，因为承担风险的能力是成为有影响力的领导者的关键，尤其在创新已经成为所有行业的主要竞争要素的今天。

不同行业的公司文化差异很大，有些行业对错误的容忍度比其他行业高不少。然而，无论你在哪个行业工作，因为害怕犯错，带着狭隘的冒险观对待你的工作或事业，这本身就是个错误。必须记住，犯错误并不会使你变得特别，每个人都会犯错。每个人，在某个时刻，不管他是谁，都有摔倒的经历。你的特别之处在于你如何及是否选择重新站起！不论你怎么看，甚至不管他们怎么说，那些担任首席某某官或者其他领导角色的人没一个是没有犯过错的。

要想成为一名成功的领导者，你应该假设在发生严重后果之前，你至少可以犯一些错误。如果你因为觉得没有机会去冒险而选择谨慎行事，就无法向你的老板和组织充分展示你的才能，也会削弱你成功的能力。对机会有限的担心不会给你展示技能、能力和主动性的机会。现实情况是，你有更多的机会去冒险、失败和恢复，比你所以为的要多得多。实际上，表现出主动性通常会获得回报，即使后来发现那不是在正确的时间做的正确的事情。表现出主动性不会限制一个人的职业发展，反而会起到加速作用。

疲乏

我不怎么把我的建议按照适合男性或适合女性做区分，因为我相信“珍珠”是不分性别的。然而，我认为有一件事更容易困扰职业女性，那就是“疲乏”。

我曾经与各行各业的数十名高级女性领导者交流过，她们在职业阶梯上到达了距成功巅峰一步之遥的位置，却眼睁睁地看着自己放弃努力，不再追求整个职业生涯都为之奋斗的机会！她们坐视不管，与她们梦想的工作擦肩而过。她们大声地对家人、朋友、导师和自己说：“我太累了。”

她们会这样做的原因如下：尽管她们成功地管理了家庭生活，选择了正确的团队来推动工作上的成功，但对这些女性中的许多人来说，通往领导位置的旅程充满艰辛。在许多情况下，她们要比男同事多付出两年或者更长时间，才能升到同样的级别；或者，为了在维持好个人生活的同时事业有成，她们要比同龄男性做出更多牺牲。

结果，她们不再去争取她们渴望已久的职位，而是从机会前逃跑，因为她们意识到，她们为达到现在的位置所付出的非凡努力，也是她们未来更上一层楼所必须付出的。她们只是厌倦了战斗，不认为自己有精力追求最高职位，她们能有今天，已经付出了如此巨大的努力。

讽刺的是，一旦你到达了最高职位下面的一级，你只需付出很小的努力就能将自己推向下一个晋升机会。当你如此接近时，其实你已经完成了所有繁重的工作。要更上一层楼，只需轻推一下，你所要做的就是利用已经积累的人脉，运用你的权力和声音去争取机会。

我给那些经常说“我太累了”“我没有精力”的职场人的建议是好好休息一下！我不是在讽刺或开玩笑。如果你发现自己有这种感觉，那么疲乏正在影响你的人生观。你会惊讶地发现，只要几天不工作，睡几个晚上的好觉，你对成功的认知、意愿和渴望就会增强。在你放弃已经为之奋斗一生的机会之前，和你的导师或推荐人谈一谈，听听他们从客观的角度对这个新机会和你追求它的能力的评价。

领导力宝石：

要想成为一名伟大的领导者，照顾好自己、保持身心健康尤为重要。

这么做会有什么损失呢？就算失败了，情况也不会比你没有尝试过更糟糕。你之前是为了什么付出如此巨大的努力，忍受你所忍受的一切？你已经赢得了索要你想要的东西的权利，距离得到它只需要再有一点点推动。如果你坚持一下，你将会成功完成从害怕到疲乏再到无所畏惧的旅程。

复原力：从失败中恢复

我注意到，伟大领导者的一个共同特点是他们的复原力。他们不会因为错误或者失败而停下前进的脚步。当你经历失败时（每个人都经历过），我想说的是，每次失败都会带给你两件事中的一件：一是祝福，二是教训，两者都是有价值的，带上它们继续前行。

要么你将实现你想要达成的目标，这是祝福；要么你没有实现，失败了，但你仍然获得了宝贵的经验，你上了一课，学到一些你以前不知道的东西，并了解到下次再做要注意什么。如果你渴望成为一个强有力的领导者，你或任何人能做的最糟糕的事就是继续沉浸在失败中。如果持续的时间过长，错误就会从一种经验变成一种障碍。一旦这种情况发生，它就会阻碍你进行建设性的反思，阻碍你从经验中学习。实际上，它会挫伤你的热情，甚至可能会让你没有勇气再试一次。那些还没有做好准备成为领导者的人经常会被失败吞噬，他们会过度解释发生了什么，或者更糟糕，在工作环境中退缩，变得异常谨慎，不会再次尝试。

查德在一个新产品团队中担任着非常重要、引人注目的角色。如果产品能按时、按预算开发完成，成功推向市场，他确信自己升任执行副总裁的机会将得到巩固。但一系列不可预见的情况（例如，总工程师离开了公司，一个关键物料由于订单和交付混乱延迟五周到货，等等）是查德之前没有预见到的。产品的推出延迟了三个月，公司内部认为这在很大程度上是个失败，因为竞争对手推出了一款类似产品并受到市场欢迎。

查德崩溃了。这是他从业以来的第一次重大失败。他的整个举止都变了。曾经喜欢交际的他变得沉默寡言，很少在会议上发言或提建议。他不再笃定地要求承接新项目，甚至在走路时都低着头，避免和同事有眼神接触。随着时间的推移，人们不再要求他发言和提出意见。查德在事业上的发展落后于和他同时进入公司的同事，他在任务分配和随后的晋升中都被忽略了。

领导力宝石：

问题不在于你是否会犯错，而在于你何时会犯错。错误总会发生。伟大的领导者从错误中学习，并将所学到的用于继续前行。

查德本可以采取另一种方法。当错误发生时，那些花时间停下来研究错误出处、思考他们本可以做得不同的地方、制定出如何在未来做得更好的策略的领导者，会表现得更好。有人说，“老虎”伍兹之所以是一位伟大的高尔夫球手，是高尔夫世界的领袖，其中一个原因就是他有“把洞抛在身后的能力”。意思是，当他不在球场的某个洞上停留时，他就不会把这个洞的经历带入下一个洞。“老虎”伍兹以全新的状态开始下一个洞，尽他最大的努力去打好，而不是去想他在上一个洞上所犯的错误。历史上有许多伟大领导者的例子，他们受人爱戴，享有权力，曾经遭遇严重的滑铁卢，但后来变得比之前更强大。

从体育明星到政治家再到公司首席执行官——想想史蒂夫·乔布斯、玛莎·斯图尔特或李·艾柯卡——所有展现出惊人韧性的领导者都有一个共同点，那就是当他们经历失败时，他们会花时间思考哪里有问题。他们冷静地评估形势，然后最重要的是回到游戏中，再次尝试！他们不认为失败是自己职业的终点，也不认为失败后无法东山再起。

生活中很少有事情是无法挽回的。作为新兴的领导者，我们大多数都会犯的一个错误是，对情况想得太多，尤其当犯了错误的时候。强大的领导者不会花太多时间为错误而自责，而是花更多时间为未来的成功制定战略。

05

第五章 利用合作和伙伴关系的力量

第五颗领导力珍珠

没有人能仅仅依靠自己。
善用他人的才智、人脉和经验，
建立自己的人脉，将推动你成为一名成功的领导者。

在二十世纪八九十年代，几乎所有行业领先公司的标志之一都是拥有专有工艺或产品。公司会一直努力做第一个将完全由内部开发的产品推向市场的人，不需要任何合作伙伴，而这些产品有商标或所谓的“秘密武器”，抑或包含某种独家的实施步骤。

事实上，为市场提供独家的东西不仅能让公司获得巨大的市场份额，还能取得溢价，提高盈利能力。例如，制药公司每年用在研发上的成本达到数十亿美元。如果它们的研发成果申请到专利，成为第一个将某种药物推向市场的公司，拥有该品牌 40 年的独家生产权，之后与之竞争的仿制药才能开始生产。

过去 20 年来，随着颠覆和创新成为市场上的主要竞争指标，公司开始采取不同的方法。如今，合作和伙伴关系可以更快地将产品和服务推向市场。通过合作分享创意和资源，组织创造竞争保护使领导市场变得更容易。大多数公司无法投入 5 ~ 10 年的时间来创造一种产品或工艺，再将其推向市场。技术的发展、市场的分裂和创业经济使得创新速度从以前的 5 ~ 10 年提升到今天的 24 个月。

想想你的手机。你过去拥有的最新版本在 5 年内可能都是最新的，现在则每隔 12 ~ 18 个月就会有更新的版本面世。想想过去 40 年来音乐产品的进化，从黑胶唱片、45 转唱片，到八轨道磁带、盒式磁带到光碟、MP3，再到网页下载、流媒体。如今你很难找到一家实体音乐商店。椰子唱片店、山姆 · 古迪唱片店、维京唱片、淘儿唱片店现在已经基本上成为过去。

在过去两年里，我们看到了市场的巨大变化，我们也看到了领导层的变化。“建造还是购买”的决策已经让位于“合作和伙伴”战略。今天，优秀的领导者有意地将其公司和自己定位为与其他领导者和董事会合作的伙伴关系，因为他们认识到，他们公司内部不一定有足够的人才来维持他们的市场领先地位，或者他们不一定有资本来完成自身建设。当艰难的市场环境耗尽公司的财务、技术和人力资本时，情况尤其如此。然而，人们仍然期望企业创新产品，扩大产品供应和客户渗透率，提供新产品和新服务。

金融危机、2019 年新冠疫情大流行、美国等地的种族不平等和社会动荡，使合作和伙伴关系成为持续成功所必需的要素。如今，企业想要完全独立行事几乎是不可能的，没有一家公司能像今天的创新所要求的那样，凭一己之力迅速行动。

陶瓷谷仓（Pottery Barn）和宣伟（Sherwin-Williams）合作向新消费者介绍它们的产品，贝蒂妙厨（Betty Crocker）和好时（Hershey）为发挥彼此的品牌优势展开合作，红牛和 GoPro 为发挥彼此的核心竞争力而合作。要使这些伙伴互利互惠，公司领导者不但要相互喜欢、合作愉快，还必须相互信任，以便彼此能够利用对方的才智和经验，保持开放，信守承诺，注入各自的勤勉与精力。今天的领导者必须懂得如何激励内部和外部的员工，必须拥有非凡的沟通和销售技巧，必须愿意代表其他公司进行投资，以保证双方共同成功。

任何董事会在选择新的首席执行官或对公司其他关键领导职位发表意见时，都会考虑未来领导者在行业内的声誉。如果你作为一名领导者正是某个最高职位的候选人，董事会会考虑你与其他公司的主要领导者的关系如何。他们会问你有多大的可能性利用这些关系来促进公司未来的成功。董事会还想了解你是否有能力吸引其他关键人才和领导者加入公司。如果你被认为是一个优秀的执行者或富有创意的人，但没有成功建设组织、吸引和留住优秀人才的名声，在这种情形下，即使其他条件都一样，你得到肯定和认可的可能性也要小于那些以拥有这些能力而著称的人。

对许多公司来说，实现增长的主要途径是收购规模较小的新兴公司，这些公司正在颠覆行业，经过几个市场周期就有潜力甩开规模更大、资本状况更好的竞争对手。由于这些小公司的产品、工艺和技术对许多占有较大市场份额的大公司有吸引力，因此潜在的收购方之间往往会产生竞争。作为这种市场环境中的领导者，你希望成为最佳收购方。

作为最佳收购方，并不只是开出最高收购价格那么简单，还要成为可能在交易后为目标公司及其管理团队带来最大价值的一方。重要的是，作为领导者，你要有为人公平、有战略眼光、专注于为股东创造价值的声誉，还要尊重被收购方的管理团队。总而言之，你希望市场认为你是一个有条理的领导者，不仅要确保被收购方的管理团队得到很好的报酬，而且要重视在本次收购中随它们而来的东西。

如果你的收购风格是将管理层引入组织，你想让其他人知道你是会在决策桌前给新管理团队的代表一个席位的人，你需要快速地将他们整合到并购方的管理团队中。如果你想收购一个品牌，并希望它能像被收购前一样继续运营，确保你有一个计划来分配它可能需要的资源，并构建一个战略来加速公司规模的扩张。你的主要目标是确保被收购方管理团队、股东和市场感到新资产得到了最好的安排，你的公司是最好的收购方。这将提升你作为最佳收购方的名声，对你通过收购实现增长战略极为重要。

作为一个热衷于收购的组织的领导者，你应该意识到一件事：初创公司生态系统虽然庞大，却是一个小社区。许多创业初期的首席执行官都曾一起参加过企业加速器，都在一样的风险投资组合中，许多人甚至是本科或研究生同学。因此，他们经常彼此分享信息，甚至包括他们与其他首席执行官的对话。

随着你职业的发展，你作为领导者的声誉会日益增长，人们熟知你的程度会远远超过你所知道的，甚至超过你能想象到的。因此，你要有意识地关注自己的表现方式、与他人的互动方式，以及你作为收购方，别人如何看待你。你是否以考虑周到和支付全价而闻名？或者你是否以试图压低收购价格而闻名，或者使用基于盈利表现的或有对价（Earnout）等工具作为交易价格的一部分，即以某一特定价格购买该公司，但保留一部分价款先不支付，直到该公司在两至四年的时间内达到特定指标，触发被保留价款的支付条件后再支付？或者在非经济条款上，比如完成交易的条件，或者被收购方的管理层在合并后的实体中的任职年限，你是否咄咄逼人？被收购方的团队在交易后会在你的公司待多久？你是先让他们稳定下来，真诚地尝试将他们合并进你的组织，还是在过渡期间先利用他们，然后再把他们遣散？

克里斯是一家大公司 A 公司的管理层成员。他在 A 公司工作了 15 年，是业界公认的了不起的科学家。他是好几项专利的发明者，并且创建了一个软件程序，该程序很快成为行业标准。他在行业内也有难以合作的名声，经常公开质疑和怒斥他的团队成员，经常将别人的想法据为己有。毫无征兆地，A 公司的首席执行官突然离开了，董事会必须迅速选出另一位首席执行官。

希拉是 A 公司的首席运营官，虽然她不像克里斯那样是名科学家，但她也在公司工作了 15 年。她在公司里被一路提拔，以对团队的出色领导而闻名。在人力资源部工作时，她负责为公司引进了 10 多位高管，安排他们到公司各个业务领域，在组织内享有很高的声誉，有很多粉丝。

希拉在创业社区非常活跃，她作为借调人员志愿者加入了几家加速器，并与一些公司合作，帮助它们为其品牌做市场定位，提高品牌价值。事实上，A 公司的最新收购是希拉与社区中著名的加速器之一互动的结果。希拉利用她与初创公司首席执行官的关系，把这位首席执行官介绍给了 A 公司的首席执行官。希拉与 X 公司的首席执行官进行了长时间的交谈，讨论 X 公司如何通过与希拉的公司建立联系，并利用 A 公司渗透新客户群的能力来加速 X 公司的价值提升。

这个行业的每个主要竞争者都想收购X公司。投资于X公司的风险投资人非常想将其所持权益变现，以尽可能高的价格出售他们的全部权益。然而，X公司的管理团队专注于继续发展公司，计划对其技术产品进行若干改进。每一个潜在的收购方都可以为X公司带来价值，但对于是否或者如何整合和利用现有的管理团队，他们有不同的看法。

X公司将大幅度提升A公司在行业内的领导地位。众所周知，A公司正在经历领导层的变动。X公司态度非常明确，如果克里斯成为新的领导，他不会愿意被A公司收购。当A公司的董事会了解到让克里斯担任首席执行官可能是收购X公司谈判中的一个不利因素时，就做出了有利于希拉的决定，让她出任新的首席执行官。希拉帮助A和X两家公司的董事会达成了收购协议，该协议在价格和整合新管理团队的计划方面对双方都有价值。

我的一位同事在一家《财富》100强公司的大型子公司担任总裁，她在国际上很有名，尤其以她善于倾听，愿意向任何人学习而出名。在5年的时间里，这位领导者已经成功地发起并策划了超过20个收购项目，为她的公司增加了超过200亿美元的价值。当她的公司收购一家新公司后，被收购公司的管理团队会选择留在她的公司中工作，比收购交易达成之时约定的时间更长。为什么？因为他们想成为她团队中的一员。她的领导风格激励他们愿意尽己所能，让她对他们公司的收购交易最终获得成功！作为她在大公司内部建立的团队，他们也在知识、经验和经济上受益。

这正是你在市场和当前环境中所希望拥有的领导形象和声誉。

大多数大型组织都会发现，作为公司未来发展战略的一部分，它们必须与其他组织搭档、合作和/或收购其他组织。孤立的大型组织很难获得有意义的市场回报的增长。如果你的公司展示了创新，市场就会重视它。如果你能与顾客形成良好的关系，并在竞争对手中拥有独特的价值主张，市场就会给予回报。因此，收购已经成为任何成功公司增长战略的重要组成部分，尤其是大公司。如果你的公司已经达到了一定规模，不再有两位数的增长，那么股东会希望你把合作或收购作为增长战略的一部分。

如果你不被视为最佳收购方，这将阻碍你的增长战略。

如果你是一家新兴公司的领导者，要获得快速扩张所需的资金或人员并不容易。在许多行业中，作为一家具有创新性的小公司，加速增长的最快方法是与一家能提高你公司的扩张速度、引入新的客户群，或者提供你公司加速增长所需分销渠道的大公司合作，或者被它收购。

领导力宝石：

你作为领导者的声誉会影响你在组织内部和外部的成功。

如果你被市场认为是一名难以相处的领导者，不能和他人打成一片，或者是破坏人际关系的人，那么你就不会对一些较大的潜在合作伙伴有吸引力，这可能会令你对部门或公司的发展及价值实现所做出的努力大打折扣。如果你的公司提供的产品或服务非常出色，那么它们可能想要这家公司、公司资产或知识产权，但不想要你！

无论你怎么做，你作为领导者的声誉都可以在无数方面成就你或毁掉你。伙伴关系和合作已被广泛接受。如果你想以一种有影响力的方式领导，你就必须与竞争对手和新的市场进入者合作建立你的领导网络，树立和提升你作为合作伙伴的声誉。

06

第六章
做一名刻意领导者

第六颗领导力珍珠

不是有了头衔你就能成为领导，
你必须刻意去领导。

我的职业生涯是在金融业度过的，这个行业以其“创收者文化”著称。在创收者文化中，人们被授予领导职务并不是因为他们是伟大的经理人或能激励他人的领导者，而是因为他们“能够得分”。也就是说，他们能提高公司收入或盈利能力，或者能执行一个大项目。这就好像，因为你在职业生涯中达到了一个高度，在你的专业领域（例如交易、销售或投资银行领域）显示出非凡的才能，或者你签下了一个大客户，为公司赚了很多钱，那么人们就认为你已经准备好了，因此给你管理和领导其他人的机会作为奖励。

我们知道，为公司创造高额收入或持续签下大客户需要一定的技能。然而，有效地管理和激励人们成为最好的自己需要不一样的技能。事实是，在大多数行业中，人们从未接受过以激励或鼓舞他人的方式领导、管理员工的培训。我认为，在投资银行或一般的金融服务等创收者文化中，一个人作为交易员或银行家的经验实际上不会令他们自动具备管理和领导他人的资格。

根据人们的创收能力授予其管理者的职位，这在二十世纪八九十年代甚至在千禧年之初可能还行得通，但今天已经不起作用了。千禧一代和Z世代现在已成为劳动力中的主力，他们对上司的领导力有要求。他们寻找的不仅仅是管理者，还要求是有启发性和建设性的领导者，将透明、包容、合作和反馈作为企业文化中的最基本要素。

某人是一名优秀的创收者并不意味着他就是一名优秀的领导者。同样，拥有丰富的专业经验也并不意味着就是一名优秀的管理者。我相信有些人是天生的领导者。然而，我也相信任何人都可以通过学习成为一名优秀的领导者或杰出的管理者。而且，你可以在任何岗位上领导。领导力不是一个头衔，你的资历并不决定你的领导力。

事实上，无论你以什么为生，你每天都必须有意识地表现得像一个领导者。领导是一种积极的存在状态。领导者激励最优秀的人才留下并成长。他们定义、推动并承载着一种文化，是其他人想要为之工作、跟随学习、模仿并最终想成为的人。

要想成为这样的领导者，你每天必须用心做8件事：

1. 做真实的自己
2. 建立信任
3. 提供清晰的指引
4. 培养其他领导者
5. 关注多样性
6. 持续创新
7. 创建包容
8. 运用话语权

做真实的自己

在我的书《期望取胜》中，我写到，真实是你独特的竞争优势。它是你个人能力的核心，也是让领导有效力、有影响力的关键因素。作为一名领导者，当你在任何情况或环境中展现真实的自己时，你就会激励和鼓舞他人也这样做。当人们感到有能力做真实的自己时，他们总是会表现得更好。若你的团队成员表现出色，这种表现就会增加你在领导位置上的威信。换句话说，当你的团队成员表现良好时，你的表现也就良好。

在危机时刻，真实变得尤为重要，是有效领导的关键。在新冠疫情期间，整个世界都静默不动，我的手机开始响个不停。首席某某官和其他领导者都在问，在这样的时刻我该如何领导？当我们远程工作而不是所有人都在同一个办公室里工作时，我该如何激励和鼓舞我的员工？当公司内外存在如此多的不确定性时，我该如何与员工沟通？

就像我对他们说的，现在也仍在说的，在危机时刻特别是在充斥着巨大的不确定性、损失和悲剧的环境中，作为领导者，你必须是可见的、透明的、有同理心的。你的真实性是你能否成功地将这些内容传达给员工的关键。在这些对话中，我想知道为什么如此多的领导者，他们也往往都是伟大的决策者，在这个时期会如此艰难。我意识到很多人在他们的职业生涯中从来没有做过真实的自己，更不用说作为领导者了。

从职业生涯早期开始，他们就知道自己需要做什么，需要如何说话和行动，在被提拔到领导位置之前，他们多年来一直遵循着一套剧本，从未停下来看一看自己到底是谁。他们还有一套攻略和公式，他们按照攻略和公式给出的方法爬到了山顶。然而现在我们发现自己处在这样一个环境中，在不确定性中和人们产生联结、领导他们，需要你做真实的自己。在应对新冠疫情大流行或广泛的社会动荡时，没有现成的攻略。在这段时期，真实是领导力中一个比以往任何时候都更重要的组成部分，而他们真的不知道该如何表现真实。

经常有人问我："我怎样才能带着真实、全部的自己投入工作中？"简言之，首先你需要知道自己到底是谁。虽然这听起来很像一个老套的、自我疗愈的行话，但令人惊讶的是，很多人都确实不知道自己是谁！许多人花了一辈子的时间去"勾选"与他们所做的事情相关的选框，但很少停下来问自己这样的问题："我为什么要做这份工作？这真的是我想继续从事的职业吗？还是因为我的父母、导师、朋友或社会告诉我应该这样做？"

做真实的自己，了解你是谁、你要什么，包括了解你的优点和缺点。用三个词描述你自己。记住，不只有唯一的一个你，我们都有着多重样貌。有忧郁的你、滑稽的你、快乐的你，也有聪明的你、善辩的你、合作的你。如果你觉得这个练习很难或不舒服，我强烈建议你寻求帮助。你可以找非常要好的朋友，最好是很了解你的人，让他们用三个词形容你。如果你对和比较亲近的朋友聊这个话题感到不舒服，那么还有私人课程、私人教练甚至心理治疗师可以帮助你开始更好地了解自己。这种自我关怀是成为一个伟大的、真正的领导者的关键。

一旦你清楚了共同组成这一个你的所有样貌，就拥抱它们。这样无论你走到哪里，你都能展现真实的自己。当你对自己作为一个人感到舒服，能够展现真我的时候，你会更放松，也会让你更容易认识人们真实的一面。当你的意识被“你觉得”自己需要成为什么样的人，“你觉得”自己需要说什么，或“你觉得”自己该如何行动的想法提前占据时，你就不可能是真实的。做真实的自己会释放你的意识空间去关注他人。当你是真实的，你会迫不及待地想看看你会遇到什么人，他们带来什么样的能量，然后你决定将真我的哪一个面相放到前面和中心，同他们建立联结。

记住：今天的自己和昨天的自己并不是同一个人；我们随着时间的流逝发生变化。我有一个做法，我强烈建议每年至少做一次。找个安静、不会被打扰的地方，花几个小时思考你是谁。问自己几个这样的问题：和一年前相比，我有什么不同？去年发生的什么事情改变了我对某些问题的看法？我更能容忍什么？我在什么方面更保守？我对自己有什么新的认识？我自己、我的反应或我与他人的互动中，哪些事情令我感到惊讶？每一年，随着我作为一个人的进步、作为一名领导者的进步，我都会发现一些关于自己的新东西，我相信你们也会有同样的发现。

真正的领导者不断努力去了解自己，因此他们知道如何对他人、他们团队的成功以及团队的每一个成员表现出真正的兴趣。他们接受自己的一切，包括优点和缺点，因此也可以为他人做同样的事，在该表扬的地方真诚地给予表扬，在不可避免的错误发生时，表现出同理心而不是进行惩罚。一个表达真我的领导者会吸引表达真我的人加入团队。他们不仅会真心希望为团队的成功做贡献，也会为你作为领导者的成功做贡献。展现真实的自己可以建立信任，这是任何成功关系的核心。要成为一个真正的领导者，就必须有意识地建立信任。

建立信任

无论哪个行业，今天的赢家和输家都是由创新决定的。无论零售、金融、运输和物流、医疗保健等所有你能想到的，每个组织的命运都取决于它是否能快速创新、实施和执行。在这种环境下，作为领导者，你会发现自己在努力完成以前从未做过的事，带领团队在一条未来不清晰的道路上前进。虽然你可能有一个计划，但你正在未知的水域中航行，不知道会发生什么事情。要让你的团队完全认同你、愿意追随你、在未知的环境中执行任务，他们必须信任你。如果团队信任你，他们无论如何都会追随你，即使他们不知道结果应该是什么样的，不知道他们是否以及如何获得奖励或提拔。

作为领导者，你如何创造一种环境，让团队或共事的人信任你？

答案很简单，你必须身体力行，一次又一次地身体力行。你要说到做到。想想你的生活和你信任的人，也许是你的理发师、快递员、干洗工、保姆、你最喜爱的餐厅的老板娘，甚至你的老板。如果你信任他们，那是因为他们始终如一地在履行你和他们之间的隐性或显性的契约。

你的干洗工一直在出色地完成熨烫和清洗你的西服、最精致的晚礼服或燕尾服的任务。你经常光顾的餐厅总是按照你喜欢的方式烹饪，提供新鲜、热气腾腾的美味食物，服务无可挑剔。你的保姆总是准时到岗，必要时还能临时加班到很晚。这些人都有提供完全符合或超过你期望的服务的记录，因此你相信他们会一直这样做。

就像每种关系都赢得了你的信任一样，你也必须刻意地建立团队对你的信任。再说一次，你必须始终如一地身体力行，一次又一次。例如，如果你想让你的团队相信你是一个能接受坏消息并采取有效行动的人，那么每当团队遇到令人失望的消息或事情未能如团队预期的那样发展时，你必须每次都表现出同理心和对情况的理解。即使他们和你都可能会失望，你也要关注从中学到的重要教训，以及如何将这些教训应用于下次尝试或未来的成功上。

另一种建立信任的方法是明确你的团队可以从你那里期待什么，以及你将为他们做些什么，然后始终如一地兑现你的承诺。例如，我的一位同事莱利，是一位享有盛名的优秀领导者，当她组建新团队时，她告诉团队成员："作为你们的老板，我有四件事要做：第一，我会永远支持你们，如果出了什么问题，我是那个会保护你们直到真相大白的人，如果事实证明是你们错了，我将是第一个以建设性的方式与你分担的人。第二，我永远不会迁怒于人，我愿意听到所有的消息，无论好坏，如果你们告诉我坏消息，我永远不会因为是你们告诉我的而对你们'开火'，我愿意从自己人这里听到消息。第三，我会一直关注你们的发展，我的工作是确保你们和我一起工作时能学到东西，并且每年都变得更好，或者假如你们要离开，你们也已经准备好应对下一个工作中会出现的新情况。第四，我会持续地给你们反馈。你们永远都不用担心和我的关系，如果你工作表现很棒，我会告诉你，如果你的工作表现需要提高，我也会告诉你。在你的年终绩效评估中，我不会让你有任何感到惊讶之处。"

当她开始与团队合作时，莱利完全按照自己说的去做。团队成员詹妮弗向莱利汇报说她的投资方案被资本委员会否决了。由于詹妮弗对方案通过委员会的审议负有最终责任，所以这实际上是詹妮弗的过错，但是莱利并没有消极回应，相反她和詹妮弗坐下来冷静地回顾她认为错在哪里。莱利还和詹妮弗分享了莱利从一位委员会成员那里得到的反馈。

她们一起制订了一项计划，在三个月内向委员会重新提交方案，并制定了一项让方案通过的策略。尽管又尝试了两次，莱利还是和詹妮弗一起努力，让投资方案获得通过。

还有一次，团队成员托德——一位年轻副总裁，被另一个部门指责没有完成客户要求。客户对公司很生气，将生意转到另一家银行。这件事非同小可，也是个重大错误。莱利没有像其他人那样把损失归咎于托德，而是召集两个团队开会，指出两个团队本可以更好地应对客户的所有方法，包括让更多高级人员参与进来。托德将这次错误当成了一次学习的机会，并且更加积极主动地向前迈进，最终成了公司客户关系的领军人物之一。

提供清晰的指引

在这个创新的时代，作为领导者，你的任务是要让团队清楚地知道你带领他们前进的方向，哪怕正如我们在前文所叙述的，你与团队前行的路可能没有那么清晰明确，但你不能让团队一头雾水地工作，那样他们走不了多远。事实上，人性的特点会让他们与之抗争。生而为人，我们往往不想去和我们以前去过的不一样的地方。

当然，你可以去你之前没去过的国家或城市旅行，因为你已经无数次这么做过，还活得好好的。你预期新的地方会像你之前去过的其他国家或城市一样。然而，如果你不知道这次旅行会是什么样的，你不认识曾经有过这趟旅程的人，得不到任何人的建议或攻略，你真的会踏上这次旅途吗？虽然有些人可能会去冒险，但大多数人不会。

团队也是如此。大多数人，当他们不知道将去往何方时，就会拒绝前进，对一个团队而言，这是非常不利的。为了让你的队伍前进，即使面对不确定和模糊，你作为领导者也必须提供清晰的信息。你必须决定目标是什么并和团队进行分享，以及你想如何实现它。如果你不给出以年度为单位的清晰目标，那么你必须提供季度、月度、每周甚至每天的目标！

当我为摩根士丹利创建多元文化创新实验室（一个内部创业加速器，为多元文化和女性企业家提供资本、内容和关系网支持）时，这在投资银行史上是第一次。其他投资银行从未在内部建立过这样的实验室，我没有做这件事的攻略，摩根士丹利的其他部门也从未建立过这样的实验室，所以我无法从其他同事那里得到指导或建议。我不仅需要招募一个团队来帮助我，而且我还必须给他们一个愿景和执行步骤的说明，这是我们执行计划的起点。我没有提出一个完整的计划，而是留出空间让我的团队成员加入他们的建议和想法，并在我们前进的过程中对计划予以认可。坦白说，很多时候我都不知道下个月甚至下几个星期我们应该做什么。但在这种情况下，我专注于确定下周我们需要做什么，然后每个人投入他们的职责中去，为团队的前进做贡献。

作为领导者，当你提供清晰的信息时，你就为你的团队成员提供了一个可以瞄准的工作目标。当人们知道他们应该做什么，他们在“为什么而战”时，他们的个人竞争精神将激励他们表现得更好，超越既定目标，而那种出色的表现也会加固你的领导地位。

培养其他领导者

当你走上领导岗位后，你应该有侧重地专注于培养其他领导者。只有这样，你才能扩大自己在公司中的影响力。如果所有的工作都要回到你这儿，你是唯一能呼风唤雨做某项工作的人，那么组织的成功和你自己的成功都将是有限的，因为你只是一个人。

领导力宝石：

作为领导者，你最重要的工作之一是培养其他领导者。

扩大你公司的市场份额或覆盖区域、进一步渗透现有客户关系的关键是培养其他领导者。你必须有意识地把你的经验和才智 DNA 投注到其他人身上，同时也为他们留下创新和发展组织现有平台的空间。那些让你“磨砺领导力”或者取得领导经验的经历和任务，必须传递给其他潜在领导者，让他们也有机会得到磨炼。

对我来说，放弃那些我觉得自己非常擅长的任务是很困难的。我很幸运，能够同时且高效地处理多项任务，并且能保持最高水准地完成任务。当人们给我新任务时，我很轻松就可以将其添加到已经排得很满的工作日程中，因为我可以这么做。我从不需要放弃一些事情以添进更多新任务。但是，我也从未有过空余时间来让自己成长为更好的领导者。我太专注于我那快被挤爆的待办事项清单上的任务，以至于从来没有机会去发明性地、创造性地解决问题，没有时间去思考一个强大而受人尊敬的领导者到底是什么样子的。

然后，有一天，我听到我们公司的董事长兼首席执行官说："我专注于那些只有首席执行官才能做的事情。如果我的清单上有什么是别人可以做的，那么它就不应该出现在我的清单上。"我认为他是一个有效率的领导者，他的这席话真正引起了我的共鸣。在我看来，这句话的意思是："你能做某事并不意味着你就应该做这件事。"当然，卡拉·哈里斯可以做很多事情，而且做得很好，但我能做并不意味着我应该做。我意识到，如果我想成为一名强大的领导者，那我就应该授权给尽可能多的人，这样我就可以摆脱一些执行事务的压力，有自由度地成长为一个领导者，可以花时间激励和鼓舞别人，让他们在工作中的创造和发挥超出他们认为自己能够达到的水平。我想成为那种能在混乱中发现机会，或者在纷繁环境中完成文化变革的领导者。

有时，我喜欢看棒球比赛。另一件帮助我在领导之路上前进的东西是一张小小的棒球图片。我心里对自己说："卡拉·哈里斯，这位出色的资本市场银行家，她执行的交易为公司创造了数百万美元的收入，她站在了第一垒上。但是卡拉，这位富有远见的领导者，能够从一张白纸开始创造出三款伟大的产品，这些产品可以成为我们公司未来发展战略的一部分。现在，能在混乱中发现机会或在纷繁环境中完成文化变革的领导者只能站在第二垒。好吧卡拉，如果你的脚还踩在一垒，那是上不了二垒的，你必须愿意放手。"它对我来说是一个强有力的图片，帮助我在成为一名强大领导者的道路上不断前进。

关注多样性

我觉得有趣的一件事是我们在企业中谈论多样性大约已经谈了有 30 年，1990 年左右，公司开始公开谈论需要拥有多样化的劳动力。这个讨论展开的背景是一种公平感。这被认为是一件“正确的事情”。最初，谈话围绕有色人种，最常见的是非裔美国人。有明确、无可辩驳的证据表面，有色人种可以在美国企业和公民社会中成功地担任领导职位。我们看到非常成功的有黑人市长，施乐、IBM 和其他大公司有黑人高管。但人们普遍认为，在公司的较低层和更多公司的高层都需要有更多的多样性，需要有更多元化的培训和项目。到 20 世纪 90 年代末，多样性对话的背景开始将女性包括进来，关注于让更多的女性在公司中担任权威职位。5 年后，它也开始将彩虹族群（LGBTQ）① 的成员包括进来。但我纳闷，如果我们已经对多样性讨论了 30 年，为什么我们没有取得更多成功？出了什么问题？

尤为有趣的是，尽管最初关于多样性的讨论源于这样一种观点，即这是正确的事情，但正是这种观点成为企业多样性发展的两个主要障碍之一。我的观点是，虽然人们可能对“正确的事情”有不同的定义，这在很大程度上取决于他们是谁、来自哪里以及他们的成长经历，但大多数商务人士通常会在公司背景下，就什么是商业的、战略的或有益的达成一致意见。

---

① LGBTQ：网络流行语，中文译为“彩虹族”“彩虹族群”“性少数者”等，一般指女同性恋者（lesbian）、男同性恋者（gay）、双性向者（bisexual）、跨性别者（transgender）与酷儿（queer），取上述每个单词的首字母组成 LGBTQ。——译者注

如果多样性一直被视为具有商业上的重要性，或者对公司在竞争中的生存具有重要的战略意义，或者是盈利能力的关键要素，那么我相信世界在过去30年里会取得大得多的进步，我们将会有更多的女性和有色人种登上领导和权威岗位，在薪酬和机会方面更加公平，让普通员工更加多样化。仔细想一想，如果一个公司的战略被视为对公司的生存竞争至关重要，或者对首席执行官提升股东价值的能力而言至关重要，甚至决定了他或她能否继续稳坐这个位置，那么就没有一个公司的战略是要酝酿30年才制定得出来的！

我们说观点或视角是进步的障碍之一，那么另一个障碍就是害怕。害怕诉讼，害怕如果组织中的一个群体赢了，另一个群体就是输家，害怕致力于多样性不会产生更好的绩效，害怕战略部署错误，害怕白人员工的抵制，害怕说错话，或者害怕如果说错话，那么自己看起来像脱离现实或根本一无所知！各种阻碍多样性进程的害怕可以一直列下去。这种害怕会变成阻碍改进和前行的障碍。它导致领导者忽视改变的需求，或者充其量只是做一些无效的小改变，换句话说，就是原地踏步，无所作为。

几年前，我在一家《财富》500强的公司总部做了一次演讲，谈到了我的第一本书《期望取胜》中的一些“珍珠”。之后，组织者邀请我与首席执行官及他的20多名直接下属座谈。在这次闭门领导会议上，首席执行官直接问我：“卡拉，我们似乎找不到也留不住有色人种的高管。就算我们找到并把他们引进公司，他们待上两三年就会离开，因为他们不适合。我们一直在努力，但我们该怎么办呢？”他接着补充说：“为了我们的长期成功，我们必须采取一些行动让我们的领导层和组织内部更具有多样性，但我不知道对那些不能接受这一事实的人说些什么。”

在考虑如何回答第二个问题时，我心里想：“这个问题用数据说话会比较有帮助。如果我们能够向那些尚未将多样性、公平性与包容性战略视为公司附加值的人展示关于这一战略在积极影响方面无可辩驳的数据，那他们可能会更快地遵守，而不是为成功整合这些战略制造争论、设置障碍。”实际上，几年后这些数据出现了。随着股东开始越来越多地将多样性、公平性与包容性视为他们用以评估和投资公司股票的环境、社会和治理（Environment、Social and Governance，ESG）视角的一部分，越来越多的数据不断被发布到市场上。而在当时，我意识到我需要给他一个答案，以帮助他的员工理解“为什么”要有多样性。作为首席执行官，他相信多样性、公平性与包容性将推动公司运营的绩效，也推动他作为领导者的成功。

作为领导者，你会希望就你提出的任何战略达成共识。你希望你最好的领导者及他们的下属接受和执行这一战略。虽然“要么听我的，要么走人”的领导风格在二十世纪八九十年代和 21 世纪初可能很流行，但随着千禧一代和 Z 世代进入职场，他们开始在工作场所的管理上给领导者带来挑战。

我喜欢开玩笑说，在婴儿潮一代仍然是主要劳动力的几十年里，当老板说“跳”，婴儿潮一代会问“跳多高？”。如今，当老板说“跳”时，千禧一代会问“为什么？”。作为领导者，你必须确保将组织的多样性、公平性和包容性战略作为运营战略的一个组成部分，清楚地展示它给组织带来的价值以及如果它没有得到有效实施的惩罚。重要的是，你要让组织理解多样性、公平性和包容性不是一种零和游戏，不是有一个人必须输才能让另一个人赢。相反，作为领导者，你必须教育和说服其他人，尤其是公司的领导层，让他们知道将多样性、公平性和包容性作为企业文化的“默认设置”而不是“附加组件”，会带来战略和竞争上的优势。如果你成功了，每个人都会从中受益。

我停顿了一会儿，仔细回答了他的第一个问题。我问他：“申请高级职位的求职者在收到录用通知之前要参加多少轮面试？”他解释说：“很容易就会有 15 到 18 轮面试，通常包括所有的首席某某官、我们所有主要业务的负责领导以及其他一些人参与面试。”我说：“哇哦，18 轮面试？你们都必须表示赞成，求职者才能得到这份工作。所以这意味着如果他们被录用了，但很快就决定离开，是不是你们在招聘上都犯了错误？”

他惊呆了，但马上明白了我的意思。我接着说：“如果一个求职者在被录用前经过了 18 轮面试才能进入公司工作，我无法相信你们都犯了招聘错误。显然是在求职者进公司工作之后发生了一些事情。公司文化中有某种因素促使这些人做出离开的决定。听起来你需要展开一下内部调查。”

我很高兴地告诉大家，他接受了我的建议。他委托首席人力资源官进行了一项秘密调查以收集组织内部人员，特别是有色人种的观点。调查发现员工对于缺乏职责定位、薪酬、晋升等方面的看法非常消极，组织正面临失去更多人才（尤其是有色人种人才）。

领导力宝石：

如今的员工希望领导可以代表他们。他们希望与自己相似的人坐上领导岗位。

今天的人才在评估是否去一家公司工作时，首要考虑的因素之一是代表性，尤其是高层的代表性。他们希望在能够看到自己未来的公司工作。为了展示这种代表性，你的公司需要吸引新的和多样性的人才，你不得不进行社会招聘。虽然每家公司都希望招聘刚参加工作的人才，让他们从初级职位起步，将他们培养成高级管理人员，但在目前的环境下，我们并没有这样奢侈的条件。培养和发展一名高级管理人员至少需要 10 年的时间，然而创新的速度几乎是这个时间的 1/10，也就是 12 到 18 个月——你不能等着一个人成熟到足以当领导时公司还有市场竞争力。此外，在 10 年中，至少经历两个熊市周期，在此期间，你可能会有几次裁员，因此会失去一些你招聘进来并一直在培养的女性或有色人种员工。

这就是社会招聘的重要性所在。你可以从竞争对手或其他行业雇用一些人来填补职位空缺。然而，如果要进行社会招聘，必须小心排异反应。你可能会疑惑排异反应怎么会和人员招聘有关联。思考一下这个类比，假如你认识一个成功进行了肾脏或肝脏移植的人，那你就会知道医生通常会在手术后开出至少 20 种药物。这些药物支持身体适应新器官。原因是什么？尽管身体需要肾脏或肝脏，但它会自然地排除异物。通过社会招聘引进员工也一样。作为领导者，你需要在他们的成功和融入组织方面格外重视，确保他们有归属感，提高组织接纳他们的可能性、组织文化和其他高管接受他们的可能性，让他们能够留在你的团队中。

你为什么要关心多样性？

正如我们所讨论的那样，直到最近“为何要关心多样性”这个问题的答案在很大程度上一直是由一种普遍共识——“这是一件正确的事情”驱动的。但现在已经有足够的数据，完全可以将多样性对话从正确的事情转变为商业上的明智之举。最近的研究中许多是由领先的管理咨询公司进行的（比如麦肯锡公司2020年报告“多元化胜利：包容性至关重要”），披露了确凿的商业数据和可靠的研究，例如在董事会和高级管理职位上有更多女性可以减少股价波动，提高股本回报率，提升整体业绩。

领导力宝石：

优秀的领导者明白多样性对团队和业务都有好处。

作为领导者，你的任务是提高盈利能力、市场份额、股价和客户渗透率，多样性将成为你成功方程式中越来越重要的组成部分。随着人才储备（特别是在美国）变得越来越多元化，你作为领导者的成功将取决于你是否有能力吸引和留住这些多样性人才以推动公司的创新和成功。虽然董事会和股东肯定会继续重视首席执行官为公司制定正确运营战略和推升股东价值的能力，但他们也会越来越重视人力资本战略，重视首席执行官在公司高层和整个员工队伍中建立和留住多样性团队的能力。

2016年，我开始在我的一些演讲和与企业思想领袖的谈话中讲述多样性的商业案例，因为我不断听到决策者说多样性是正确的事情。我恳请所有领导者在坚持不懈追求多样性的同时，有意识地去体会多样性如何能够并且应该成为战略和创收的组成部分，理解为什么它会是公司的商业驱动力。

我们已经知道，在当今所有行业中，创新在竞争上都具有重要意义。如果你需要一个创意来获得并保持对内或对外的领导地位，那么你就需要有更多的想法被激发出来，创新从中产生。要产生诸多想法，最好有多重不同的视角，因为想法来自不同的角度。要拥有多重视角，就必须拥有诸多经验，因为视角由经验产生。最后，要拥有诸多经验，必须拥有不同类型的人，因为经验来自人。因此，为了有一个让你的团队和公司领先的创意，你必须从拥有不同类型的人开始。这就是多样性的商业案例。

领导力宝石：

没有多样性就没有创新。

如果推动创新还不足以让身为领导者的你相信多样性是你应该关注的事情，那我们来聊聊这一点。30 年前，当我从哈佛商学院毕业时，美国企业界的所谓卓越是 6 名白人站在高处。随便一家公司，例如 IBM、高盛、福特、通用汽车、摩根士丹利、宝洁都有 6 名白人高管，首席执行官、首席财务官、首席运营官、首席信息官、首席人力资源官、首席营销官，这是常态。因此，我知道，如果我想在公司这个沙盘里“游戏”，我必须适应自己成为大多数场合的“第一个”和“唯一一个”。坦率说，成为第一个或唯一一个对我来说一点也不可怕，因为当时的情况就是那样。当我高中毕业时，我已经有了很多这样的经历。

然而，这已经不是千禧一代和 Z 世代成长的环境。他们在一个有女性领导者的环境中长大，他们的母亲可能是首席某某官，或者是某家非常知名的非营利机构的掌舵人。他们上的是具有多样性的学校，他们的右边坐着一个聪明的黑人孩子，左边坐着一个聪明的拉丁裔孩子，前面坐着一个聪明的亚洲孩子，后面坐着一个聪明的印度孩子。对他们来说，这就是优秀的模样，如果他们在考虑加入的组织中没有看到他们所定义的优秀，他们就不会加入。即便加入了，也不会待很久，任何公司成为该行业最佳雇主的目标也会因此受到威胁。

如果你还不相信这个“为什么”，我再给你另一个令人信服的理由。过去，公司主要服务于三个群体：股东、客户和员工。每个群体各有一个强大的工具。如果股东不认同公司或其领导者的某些事情，他们可以卖掉公司股票。如果客户不喜欢公司的某些方面，他们可以拒绝购买公司的产品或服务。如果员工不喜欢公司的某些方面，他们随时可以辞职。

今天，公司有了第四个群体——社群。社群不是地方性的，而是全球性的，它还有一个强大的工具，叫作社交媒体。如果一家公司采取了社群不喜欢或不认同的行动，或者公司领导者的行为冒犯了全球范围内的社群，那么在短短几秒钟内，随着厌恶情绪的蔓延，该公司可能会遭受大规模的品牌受损或数十亿美元的市值蒸发。

多样性已经成为这四个群体真正关心的价值晴雨表之一。董事会在开会时会问这个问题，消费者会阅读公司年报或多样性、公平性和包容性行动报告，全球社群也会不断地在社交媒体上搜索，了解他们使用和支持的产品的出品公司对多样性的看法和行动。

同盟关系

在过去五年中，随着企业在多样性、公平性和包容性之旅中取得进展，“盟友”（ally）和“同盟关系”（allyship）这两个词已经成为人们关注的焦点。这两个词是在2020年中后期流行起来的，当时领导者在努力应对动荡的社会环境，应对员工要求企业对此有所反应的需求。当领导者衡量自己在帮助推动不同文化背景的下属的事业和关注点的过程中所负有的职责时，感受到了压力。他们努力了解这些下属的工作经验，研究自己可以做些什么来提高他们在组织中的地位。

Dictionary网站将“盟友”定义为名词，指“与另一个人或一群人结盟共同支持某项事业”的人。虽然我认同这个定义，但真正的问题是“成为一个好盟友意味着什么”，或者更好的问题是“一个好的盟友应该怎么做”。

我的回答是，一个好的盟友应该“倾听、行动和重复”。盟友既要出席，也要发声，要出现在那些在组织中没有发言权或没有平等发言权的人没能出席或无法进入的场合，当你出席这些场合时，你可以代表他们表达你的意见。但要成为一个好的盟友，你首先必须能够认同那个人或那个群体，要做到这一点，你必须倾听他们的经历、他们的声音，了解他们的观点，以对他们有新的认识，这个认识往往与你以为的很不一样。重要的不只是倾听，你还必须对你所听到的敞开心扉。

卡莫拉要向公司总裁介绍她的团队的多样性、公平性和包容性项目的最新情况。她和一些同事受命实施培训和演练，目的是在团队中创造一个更具包容性的环境。在介绍中，卡莫拉分享了项目的一些成果，但她也补充说，她的上司对该项目缺乏支持，他经常发表带有性别偏见、不尊重和轻视她和团队其他女性的言论和措辞，这让她很苦恼。公司总裁并没有接受卡莫拉的陈述，也没有帮助提供一条能够改善其境况的道路，相反，总裁给卡莫拉的介绍打上了负面的标签。他与卡莫拉的上司共事多年，立刻断定卡莫拉一定是臆想或误解了她上司的言辞。但是，要成为盟友，你必须愿意挑战你自认为正确的想法，并对他人的经历和现实持开放态度。

一旦你倾听、理解了员工的观点，并考虑组织中发生了什么，为什么会发生这种情况，它是如何造成不平等的，那么是时候采取行动了。你的存在和权力能让你接触到不同人群、场合和讨论，让你身为盟友有所作为。当你出席某种场合时，你可以运用权力来代表某人做出决定。此外，你可以提问题，让在场的每个人都能听到讨论中的偏见或歧视，或者提高人们对决策过程中不公平的认识以及思考如何改进这类问题。

一家公司最重要的一项产品的营销战略主管职位空缺，丹尼尔推荐苏奈担任这一职位。苏奈已经在公司工作了 8 年，在他工作期间，他负责一些较低调的产品，当他接手这些产品时，它们都处在苦苦挣扎的局面。但是在苏奈的领导下，这些产品转化为公司更有生产力的资产。在一次执行副总裁会议上，玛格丽特提议由埃里克担任这一职位，埃里克进公司只有 3 年，是两个非常受瞩目的产品的首席产品经理。当丹尼尔推荐苏奈作为候选人时，玛格丽特和其他几位执行副总裁认为，这个职位对面向公众有较高要求，苏奈并没有真正的“存在感”来挑起这一职位。他们认为这一职位的候选人在市场上需要分量，而埃里克更适合。另一位执行副总裁约翰在公司工作了一段时间，被认为是总裁的接班人，他问道：“玛格丽特，当你说苏奈没有存在感时，是指什么？考虑到他为扭转一些面临艰难境地的品牌所做的工作，你为什么不认为他在市场上有分量？”此外，“是什么让埃里克有如此大的分量，或者说为什么你认为他是这次机会的最佳候选人？”玛格丽特无法给出超出她个人意见和感受的回答，最终苏奈得到了这个职位。

在这个案例中，约翰作为苏奈的盟友，只是简单地提出一些问题，使谈话超出了典型的讨论范围，超出了接受玛格丽特观点的范围。这样做让他中止了一个过程，而这个过程会导致产生一个基于感知或感觉而不是基于事实的结果。成为盟友意味着花时间和精力对现状提出疑问，确保每个人都能根据自己的成就和资格平等地获得机会。

实施一个成功的多样性、公平性和包容性计划需要什么？

就像我之前说过的，每当我听到高层领导谈论多样性，使用“这很难”“很难找到……”“这不会很快发生”之类的措辞时，我通常就会得出这样的结论：他们并不会认真地在组织中进行变革，或者他们并不真正相信多样性、公平性和包容性对组织的成功运营和竞争表现有多么重要。

作为领导者，如果你一开始就认为有些事情很困难或不可能，那么你就会遇到不必要的困难，最终可能会阻碍你自己的成功。老实说制订和实施一个长期、有竞争力、可持续的多样性、公平性和包容性计划并没有那么难。事实上，你可以在一年内看到组织的真正变化。要想成功实现多样性，你需要三样东西：刻意性、问责制和稳定性。

刻意性

多样性不会凭空出现，你必须有意为之，专注于此。当你招聘新员工时，你必须有意识地向招聘人员、高管和内部员工发出指示，确保你和招聘经理看到的是各种各样的应聘者。你必须态度明确，确保你有机会看到市场上所有适合特定工作要求的人才，因为人才不仅仅只来自一个特定群体。你的招聘人员和招聘经理必须明白，他们的职责是从所有的群体中发现人才，作为领导者的你必须让他们对此负责。

领导力宝石：

优秀的领导者接受我们都有偏好，并在招聘、发展和其他方面寻找减少偏好的方法。

刻意性很重要，因为我们都无意识地有偏好，尤其是隐藏在大多数组织的程序、步骤和文化中。偏好产生于你是如何长大的、你来自哪里、你接受的是什么样的教育，你在以前的经历中是如何被对待的，是被谁如此对待的。你会经常听到我说："偏好是鬼鬼祟祟的，你意识不到它侵入你的思维过程，从而影响你的决策。"如果你有很多来自同一群体（种族、性别、教育、地域和经验背景）的人，这种情形会更加严重，偏好有可能加剧并成为文化的一部分。

例如，我们回顾二十世纪八九十年代的金融业，顶级投资银行都从常春藤盟校（哈佛、耶鲁、普林斯顿、布朗、康奈尔、哥伦比亚、宾夕法尼亚大学和达特茅斯学院）招人。新一届分析师的职位空缺，其中大部分都可以由这些学校的应聘者轻易填补。此外，来自这些学校的应聘者更有可能获得第一轮面试的机会，因为审查他们简历的人是这些学校的校友。他们了解学校的课程，哪些专业有挑战性，哪些校园工作和活动是重要的，等等。如果其中有一份简历是来自一所不熟悉的学校，面试官不会从同样的角度对其进行审查，除去一些情有可原的情况，它不太具有竞争力，候选人也不太可能进入第一轮面试。这就是偏好的定义。

在大多数环境中，当人们决定谁应该加入一个团队、谁在晋升的候选名单上、谁来管理一个部门、谁向董事会报告时，偏好就会出现并来自相似的群体。在大多数情况下，人们选择和他们最像的人。直到最近，美国企业界的个人还没有意识到偏好在大多数文化中是多么普遍，因此也没有打算制定政策、程序和步骤来避免偏好。即使在今天，无意识的偏好训练对许多决策者来说仍然是选择性的。

我必须承认，作为一个有自知之明、受过高等教育的有色人种女性，我非常清楚自己的偏好，不认为自己有任何无意识的偏好，直到发生了一件事，让这种无意识的偏好完全暴露出来。我在本书前面提到在摩根士丹利建立多元文化创新实验室，它是一个内部创业加速器，为有色人种和女性企业家创立的技术公司提供支持。当这些公司被接受进入实验室时，他们以其企业所有权的一小部分作为交换，获得资本；有专门设计的内容帮助他们从创始人成长为首席执行官；与我们的一些投资银行客户建立关系，帮助他们加快业务扩张。在开始这项工作的十八个月后，我忽然发现我的团队全是女性。哪怕是一丝丝的男性荷尔蒙都没有！我立刻意识到，我的市场战略有漏洞，因为我的讨论桌上缺失一个重要的声音。

如果你在决策桌上有同质化的思维，你的市场战略就会有漏洞，这将使你面临巨大的竞争威胁。这一发现的结果是，我开始有意识地确保实验室接下来要招聘的两名员工都必须是男性。最近，我们有很多这样的例子：公司在决策时采用同质化思维，最终在市场上面临巨大挑战。有家公司发布了一则广告，公众认为广告具有冒犯性，使得公司的品牌价值遭受损失。在做出决定时，他们缺乏多样性。当你在一个紧张、动态、快节奏的环境中工作时，很容易接触到熟悉的东西，我们都会这样做。然而，如果你想成为一个强有力的领导者，你就必须抵制这种趋势，尤其是在竞争激烈的环境中。

领导力宝石：

当你处在快节奏的环境中时，你很容易去找和你一样的人。有意识的领导者会制定一个纪律，首先去找那些在某些方面与他们不一样的人——种族、性别、教育或地理背景不一样。

如果你没有一个多样性的领导团队，那你必须有意识地改变这一状况。为什么？因为今天的新员工所寻找的是他们在领导层中的代表。正如我们讨论过的，千禧一代和Z世代必须“见到才能相信”。他们不倾向于相信，在他们进入组织后，多样性就会出现。他们更有可能认为公司并不关心多样性，组织不是一个他们能待得很好的地方。因此，他们要么会跳槽，要么带着高度的怀疑加入，一旦出现问题就会离开，对组织的员工留用率产生负面影响。

有意识地在组织中创造多样性并不困难，也不需要改变任何要求或降低标准。我听过很多领导者说："我们希望团队（或部门或领导层）有多样性，但我们不想降低标准，或者仅仅因为某人是女性或有色人种就提拔。"这种说法通常意味着人们认为多样性是一种"有就很好"的东西，而不是一种增值；或者他们没有意识到自己无意识的偏好，不太可能帮助组织推动变革和创新；或者他们试图利用恐惧作为一种策略，动摇其他关键决策者，让他们对在领导层中增加多样性的人持怀疑态度。

对那些认为多样性项目等同于降低标准的人，我会快速回应："要小心使用那种基于恐惧的言辞来吓唬人们，让他们不引进多样性的人才。如果有一件事是我非常确定的，那就是没有女性或有色人种会希望你降低他们进入组织的门槛，降低门槛是对他们在职业生涯中投入的努力的直接侮辱。"在大多数情况下，这句话会阻止对话顺着这个方向进行下去，然后我们可以继续进行更具建设性和创造性的思考。

领导力宝石：

作为领导者，你必须确保你的团队理解多样性意味着不同，而不是不够资格。

我的经验是在组织中创建多样性，尤其是在领导层，是相对简单的。一位高级领导曾经告诉我："卡拉，我的执行运营委员会相对较新，大多数人是白人男性。至少在五年内，不会有席位向女性或有色人种开放。这段时间我该怎么办呢？"

我的回答："增加一个席位。"

如果没有一条规定或具体原因将委员会的席位限制在6个，那为什么不能改成7个呢？对我来说，创造更多的多样性就是这么简单。该公司的留任员工数量，特别是年轻员工的留任人数正在下降。公司的员工调查显示，公司内部缺乏多样性是引起员工不满的一大原因，招聘女性和有色人种的员工越来越困难，尤其是中高层职位的招聘。为什么增加一个职位如此困难，尤其是当有几十位候选人有着出色的工作经验、一流的教育背景，展示出领导才能时？

要成为一个强有力、有意识的领导者，你的注意力必须集中在你想聘用什么样的人、识别人才的过程以及将人才安置在可见的有领导权力的岗位上。因为前面提到的无意识的偏好，这件事不会自行发生。此外，按照一直使用的老套路做事是人类的天性，尤其在没有压力下让人换一种方法做事时。即使有了指示，如果对领导、招聘经理以及其他人没有问责机制，他们也不倾向于改变自己的行为，特别是在他们没有真正看到采取不同做法会带来的价值或者没有感觉到当前的过程是不对的情况下。

问责制

任何改变都需要问责制。在30年关于多样性的讨论中，我看到许多公司制订计划、制度、指导方针和目标，但如果没有实现这些目标的问责机制，就不可能取得长期、可持续的成功。多样性计划和倡议要想成功，就需要问责制的3个重要组成要素：

首先，高层必须明确表态，承诺支持多样性。首席执行官、董事长或总裁必须清楚地阐明公司对多样性的承诺，并以公司已经、正在或打算做的事情来支持这一承诺。必须明确多样性计划在组织战略和竞争能力中扮演的重要角色，同时也要明确对计划实施监督和对领导层问责的态度。这第一步极为重要。想要在任何公司建立多样性、公平性和包容性的可信度，信息必须从上至下地传递。首席执行官还应该在公司内部任命多样化的人员担任重要职位，亲自参与招聘受人尊敬的、多样化的行业人才；与女性和有色人种一起参与职工大会或其他项目。首席执行官的言行必须与此协同而且是强化的。

其次，必须有一种方法让领导层对多样性、公平性和包容性的目标与结果负责。我见过许多公司设定目标，要求领导者设定个人目标，但如果目标没有实现，也不会通过薪酬、降职或安排其他任务来问责。在大多数组织中，人们的行为取决于他们得到的奖励。例如，如果创收很重要，也就是说，会带来丰厚的奖金、晋升以及涨薪，那么除了创收之外的所有目标都会被认为是次要的。如果降低或控制成本是衡量成功的标准，那么控制成本的行为就会得到奖励。当谈到多样性时，虽然目标可能已经确定，但在评估或判断领导者的成败时，往往缺乏问责措施，甚至没有关于它的讨论。

领导力宝石：

成功的领导者明白，有衡量标准事情就会完成。最成功的多样性、公平性和包容性项目都内置了问责制。

最后，如果多样性、公平性和包容性真的要成为一个组织的战略要务，那么它就必须像所有其他战略和运营要务一样被同等对待。在领导者的年度绩效评估中，如果多样性、公平性和包容性战略被整合进公司的运营中，领导者如何利用和培养人才必须成为评估内容的一部分。就像在评估首席某某官时，看其业绩完成能力、盈利能力、市场份额增长情况、成本控制目标完成情况、战略实施情况和董事会互动的能力，评估人员还必须评估领导者在人力资本战略方面的成功程度。应该考虑的关键因素是：领导者的团队多样性的程度如何？后备队伍中是否包括关键职位的多样性的候选人？新招聘的多样性员工在全部新招聘员工中所占的百分比是多少？领导的直接下属中有哪些群体？在过去一年里，领导者是否参与过领导力的培养？如果对人力资本管理（HCM）有同等的时间和考量，而多样性、公平性和包容性是其中的关键部分，那么领导者就会得到这样的信息，即多样性、公平性和包容性对组织的重要性与其他战略参数不相上下。当其他职场人知道他们在多样性、公平性和包容性方面的表现会影响他们的机会和钱包时，他们也会以与其他战略目标相同的注重程度执行。

一些公司已经为那些很好地执行了多样性、公平性和包容性目标的人实施了特定的多样性奖励，特别是与招聘相关联的。虽然这种方法可能有效，但它较多关注于数字或组织中引进了多少种不同的多样性主体，缺失流程去真正评估引进的人才是否是高端的、能长期做下去的员工。如果这些新聘用的员工缺乏其岗位所要求的技能和专业经验，无法达到公司的绩效要求，他们通常会在很短的时间内离开。不幸的是，不承认多样性会带来好处的组织会将这些人视为多样性、公平性和包容性策略无效的例证。事实是，这些人并不是合适的雇员。这与他们的多样性无关，而是与那些推着他们通过这个过程的人有关，那些人只是为了实现激励目标，而不是为了雇用多样的、高素质的应聘者。

当多样性、公平性和包容性战略被正确对待时，作为领导者评估流程的一环，与其他关键指标一样明显成为整体奖励的一部分，那么该战略就有更高的长期成功率。有件事必须搞清楚，即人力资本管理（多样性、公平性和包容性战略是其不可分割的一部分）与创收目标同等重要，可以由合格的主体和这些主体的留用率来衡量员工如何在组织中流动，他们所收到的反馈以及他们对组织的影响。这样，领导者会找到方法来交付出色的多样性、公平性和包容性执行结果，正如他们对其他重要指标所做的那样。

虽然最高管理层对多样性、公平性和包容性战略所展现出来的承诺很重要，但它并不是成功发展和维持这一战略的唯一关键因素。付出的许多努力常常被否定，在我喜欢称之为“不可移动的中间地带”消失。中层管理人员通常会混淆多样性、公平性和包容性战略，并为女性和有色人种在组织中的晋升设置障碍，这导致优秀的女性和有色人种员工的离职。许多经理之所以能坐在中层岗位，并不是因为他们是优秀的领导者，而是因为他们是优秀的创收者。他们可能不会将多样性视为运营战略的重要组成部分，而且经常认为支持或提拔多样化的候选人可能会让他们自己失去机会。这些管理人员可能会成为障碍，特别是在多样性、公平性和包容性战略缺乏适当问责措施的环境中。当优秀的多样性员工离开，中层经理会编造一个关于他们离开的虚假叙事来掩盖损失，而当首席执行官听闻员工离职的消息时，叙事已经远远脱离事实。多样性、公平性和包容性的问责制在中层管理人员层面尤其重要，而且必须在所有经济周期和领导层变动中保持一致。

稳定性

人们经常问我："为什么我们没有看到在华尔街工作或担任高级职位的多样性员工的更多成功？"我的回答总是一致的："金融业的多样性在很大限度上是一个牛市现象。当出现牛市、一切进展顺利时，会有大量资源分配给多样性、公平性和包容性战略，以增加人员招聘和项目、重视人才储备等形式。然而，在熊市中，当股市下跌，我们面临利率波动、裁员、公司重组等问题时，对多样性的重视程度也会下降。"

它不一定完全消失，但强度水平会从10下降到2。另外，在重组和裁员时期，女性和有色人种等少数群体通常会受到与其人数不成比例的影响。当我们走出熊市，迈向更好的经济周期时，曾经努力建立起来的人才储备实际上已经被摧毁了。

为了让多样性、公平性和包容性计划取得长期成功，保持一个在所有经济周期中都比较稳定的投入水平非常重要。否则，你就会处于过去30年我们在金融业所看到的"繁荣与萧条"景象中。如果你陷入了这个循环，你就无法让整个组织都参与到多样性、公平性和包容性的战略中来。那些对该战略充满了热情，并致力于其成功的员工将失去兴趣，认定该战略缺乏稳定性意味着它对公司并不真的重要。而那些对该战略冷嘲热讽的员工则会更加强烈地感觉到，他们根本不需要关注该战略，这也会影响你的成功。

领导力宝石：

一个成功的多样性、公平性和包容性计划要求领导者做出长期的承诺，即使在经济困难时期也要坚持到底。

如果你在低谷时期也能保持稳定性，那么作为雇主你将成为纯受益者。事实上，在经济低迷时期，你应该更加积极地进行社会招聘，尤其是招聘多样性的人才。在经济低迷时期，许多员工变得不安，开始反思他们的经历，重新考虑他们在目前岗位上的职业生涯。作为一名寻找优秀人才的领导者，你将发现你的竞争对手由于经济环境而处于脆弱、不稳定的状态，你能够将他们的员工招募到你的组织中。

多样性、公平性和包容性战略的稳定能提高公司声誉，并强化公司是人力资本管理领先者、真正致力于实施该战略、正努力创造一个环境让各种人才都有机会表现出色、蓬勃成长的印象。

持续创新

我们已经谈论了很多关于创新及其与竞争的直接关系。你能想到的每一个行业的每一家公司都在竞争，不仅为了生存，还为了成为最好的、引导消费者行为的对象，团队必须创新才能做到这一点。正如我们在前一节所讨论的，多样性的团队是成功、可持续创新的关键。同质化团队产生同质化思维，会令公司的市场战略出现漏洞。

公司如何教会员工去创新、去冒险、去做以前从未做过的事情?答案是教会他们如何失败。为了不断冒险尝试新事物，团队必须接受失败。让团队成员接受失败最简单的方法就是庆祝他们的失败。

我并不是建议你和你的团队养成不断失败的习惯。我想说的是，当一名成员代表团队冒险尝试新事物但没有成功时，作为领导者，你首先有责任为他们挑战风险的行为鼓掌。承认失败，然后真心地为做出尝试的员工或团队鼓掌。

你不能做的一件事就是对失败本身反应过度。当你的团队中有人尝试新事物但不成功时，如果你小题大做或者公开告诫他们，甚至更糟，嘲笑、奚落他们，那你就是在扼杀团队其他成员的风险偏好。结果会与你想要的相反。今后没有人敢尝试任何新事物，因为害怕你的公开处罚。很快你的团队就会陷入困境，气氛压抑，在内部和广阔的市场中失去竞争力。

教会你的团队如何失败也意味着，作为领导者，有时候你必须推动他们在濒临失败的临界点冒险。事实上，在某些情况下，你必须推着他们走，直到他们失败。你必须持续提出问题，挑战他们，让他们能走得更远，直到你穷尽所有可能。

维克是一家大型投资银行的首席交易员，管理着五名年轻交易员。他不断地告诉他们：需要锻炼出承担预期风险的能力。他指导他们观察特定的股票及其在市场中的动量（momentum）[①]。他教他们注意别人是如何买卖的，数量是多少，价格是多少。他帮助他们培养判断力，将当天的新闻和关于股市是否对新闻做出反应、如何反应的看法纳入考虑范围，然后用这种判断来进行交易。

史蒂夫，维克团队中最聪明的年轻交易员之一，看到一只特定股票的交易量很大。那天业界传出了消息，史蒂夫认为这只股票会对这一消息做出负面反应，于是下重注做空这只股票，期待大赚一

① 动量（momentum）：投资学中意为续航，指股票（或经济指数）持续增长的能力。如果股票价格的上涨（下跌）趋势在继续，则价格的上涨（下跌）速度会大体保持一致。动量是考察价格的涨跌速度，以价格涨跌速度的变化分析价格趋势的指标。——译者注

笔。不幸的是，报道的消息实际上导致股票相对于史蒂夫做空时的价格上涨。最后，他因为这笔交易让团队损失了很多钱。

维克大发雷霆，他在交易大厅里当着所有人的面痛骂史蒂夫，对他大喊大叫。史蒂夫感到很沮丧，很挫败，也很尴尬。团队里的其他年轻交易员都感到震惊和不安，很多人心里想："我永远不要自己一个人决定下这么大的注。"从那时起，维克制定了一条规则，所有的交易都必须由他签字并审核。虽然维克的目标是让年轻交易员学会如何独立思考，培养冒险、创新和自主交易的敏锐嗅觉，但他通过攻击史蒂夫的错误阻止了这一目标的实现，反而造成了维克自己作为领导者的失败和在人才培养上的失败。

创建包容

首席某某官常常问我："做一名包容的领导者意味着什么？包容性是如何体现在领导力上的？"

答案很简单：征求人们的意见。

试试下面的练习。下一次你的团队聚在一起讨论时，例如，讨论一个产品的新市场战略，你可以说："在会议结束时，希望我们对这个产品有一个解决方案和市场战略。我希望看到我们定下来如何、何时、何地实施战略，并制订具体的行动计划。我先提出一个预设，后面希望听到你们每个人的观点。你们同意这个战略吗？我们应该如何改进？你们认为哪里可能有缺漏？"

在你清晰地阐述了自己预设的想法之后，为了让整个团队参与进来，选一个乐于提出自己想法的团队成员。你可以说："南希，你有什么想要补充的吗？我们如何让它变得更好？”然后再加一句：“好的，这些都是非常棒的想法。霍华德，你如何反驳这个战略？让我们来以唱反调的方法展开讨论，为什么这个战略行不通？风险是什么？”

然后让其他人也参与到讨论当中来，“帕姆，还有什么其他原因造成它行不通？泰勒，这个问题有什么有趣之处吗？我们应该如何解决这些问题？”

通过使用这种方法，你就会为团队培养出协作能力。更具体地说，当团队成员的观点遭到挑战时，如何不表现出戒备态度。作为领导者，你在团队中培养了更强的凝聚力，教会他们一起解决问题，也教会他们与你并肩工作！

更为重要的是，你展现出了包容性。通过积极询问他们每个人的想法，让他们都有所贡献，你就是在对每个人隐含表示“我重视你”。当你回应他们每个人的想法时，你实际上是在说“我听到了”。每个人，无论是谁，都重视被看到和听到，尤其是被领导看到和听到。我保证，无论你想要实现什么目标，如果你在团队中采用这一策略，团队的每个成员都会感到自己受重视，自己是被纳入这个过程的。

领导力宝石：

人们看重被关注，作为领导者，当你认可员工时，你就有机会激励他们。这是一种表达：“你对这个团队很重要，我很珍惜有你在这里。”这个表达具有非常强大的力量。

这种做法的另一个重要结果是什么？在接下来的四次团队会议上都使用这个方法，那么在开第五次会议时，你不必再费心去征求他们的意见和想法。你会看到他们有备而来，在会议上献计献策。他们会提升到你期待的水平，他们也将面对摆在他们面前的任务或项目的挑战。最终，你希望每个人都赞成项目的蓝图。当每个人都在项目的蓝图上留下自己的指纹时，这意味着你团队的每个成员都参与到了项目的成败中。

如果你想要在寻找和留住多样性人才上的投入产生成果，有一个确保包容性的战略极其重要。如果人们不觉得自己是组织的一部分，不觉得自己的声音和贡献受重视，那么他们的工作充其量只做到满足其职位描述要求的程度。在大多数情况下，这远远低于他们的能力能够达到的水平。在多样性、公平性和包容性圈子里有句老话："多样性是被邀请参加聚会，包容性是被邀请跳舞。"作为一名领导者，制定战略，让员工感受到他们是企业文化不可或缺的一部分，公司的成功依赖于他们的贡献，这一点很重要。当你将多样性人才引进组织时，这一点尤为关键，相对于大型组织而言，这种多样性人才为数不多。你雇用他们，并不意味着他们在此工作会感到舒服和有归属感。当我们任何人在任何情况下感到不舒服时，我们的发挥就会受到限制。

在 2020 年的社会动荡中，我和一位领导者进行了一次对话。他问道："卡拉，你怎么知道你的多样性、公平性和包容性战略成功了？"我告诉他："当你从多样走向包容、走向公平最终走向归属感时，你会知道自己取得了进步。归属感就是圣杯。当你听到整个组织的人说我的 CEO、我的经理、我的同事、我的公司，当他们谈论自己的职业和公司并且不自觉地使用所有格名词时，你就进步了。即使到那时，还不能算完成。你必须继续随着你的员工队伍和运营战略的变化而进化，但你将在有着蓬勃生机的文化的道路上走得很好。”

运用话语权

一个强有力的领导者最重要的标志之一是有勇气运用话语权。在我给世界各地的组织做的演讲中，我经常说：“你必须愿意让一件事成为一件事。”我们很容易放弃使用我们的话语权，特别是在情感敏感的话题上，或者在你所处环境中可能是政治热点或不受欢迎的话题上。事实上我们都做过这样的事。

然而，身披领导战袍的代价就是要有勇气发声，不仅在正常的商业交往中，而且在你看到错误的事情发生时更要说出来。你的团队成员和其他直接或间接向你汇报的人都希望得到你的指引。他们看到的是你如何处理状况，对组织内不可避免的变化，你是如何反应和接纳的，或者你如何表达你对重组、裁员、收购另一家公司或发生的其他事件的感受。你的团队成员会把你和你的行为作为他们应该如何反应的范例。

这里有一位领导者的例子，她本可以用她的话语权来创造一个不同的结果。阿里斯在一家顶级公司当了十年的首席执行官。公司正经历一段艰难时期。竞争对手纷纷加大营销支出，快速推进新产品，改变消费者的口味。该公司还背负着前所未有的巨额债务，因此，公司大幅裁员，并受到激进股东的巨大压力，要求公司做出更多改变。

阿里斯召集整个公司的员工，开了一次全球性的、全公司范围的大会。她认为，公司恢复往日荣光的唯一途径是全体员工齐心协力，努力理解、接受并推进公司的新战略。然而，大部分管理层、员工以及基层人员都没有动力去做这些事情。他们士气低落，疲惫不堪，开始质疑公司的战略。普遍的疑问、员工之间的闲聊都围绕着公司是否能够重新占据市场第一的位置。

在会议上，阿里斯没有把重点放在承认人们的真实感受上，而是把重点放在市场竞争激烈、战略和前进的道路上。结果，员工们在离开会议时对公司的战略有了更多的了解，但对自己是否愿意全力以赴帮助公司夺回第一的位置仍持模棱两可的态度。不久之后，公司的主要高管、后起之秀和新晋领导人员开始跳槽到竞争对手公司工作。随后，公司在竞争中失利，未能恢复其在业内的领导地位。

在这个例子中，首席执行官应该发挥其作为领导的话语权。首先，她应该承认员工所经历的现实。其次，她应该承认她需要员工的帮助来扭转局面，在会议结束时对每个人都提出期望，比如对员工说："我知道这对我们来说是一段艰难时期。我们已经习惯了做第一而不是为了争得一席之地。我知道你们已经看到你周围有同事，甚至优秀的同事被精简，他们不再在公司工作。我们相信，我们已经完成了继续竞争和利用新的战略所带来的非凡机遇而所需要的人员精简。我知道你们感到疲惫，这段时间对我来说也不好过。但我仍然相信我们的公司、我们的使命，我们是业内最好的。我相信在你们的帮助下，我们不仅会前进，而且会恢复之前的市场领导地位。

我一个人做不到，我需要我们每个人都接受自己的疲惫、苦痛甚至恐惧，然后踏上前进的道路。我们之前看到的是剧情发展的一个版本，我们有能力决定结局。我们拥有业界最优秀的团队，团结一致就能取得胜利。我将分享我们的一个新战略，但我希望你们对我们如何填补不足以及如何最好地执行这一战略提出你们的想法。会议结束时，我希望我们每个人都能带着新的集体乐观精神，感染那些今天不能参加会议的人，让我们向着胜利迈进！”

通过承认人们的感受，针对棘手的现象发声，她就消除了那些未明确说出口的事情对人的影响力。将那些抱怨和谣言放到明处，正视员工之间的闲聊，更为重要的是提出“我们是在同舟共济”，她本应该表现出她也是这么想的，她本应该诚恳地对公司员工说：“我重视你们。”

正如我们讨论过的，作为领导者，你能做的最重要的事情之一是向你的下属表明你重视他们。每个人都重视被看到和被听到。每当有一个没有说出口的问题，如果对其视而不见、置之不理，这个问题只会变得更大、更棘手。它不断膨胀，最终扼杀每一个好的想法，扼杀人们团结的意愿，直至扼杀任何进步和成功。阻止、消除它的力量的唯一办法，就是把它放到明处，承认它的存在。

需要明确的是，这不是说要做伟大的演讲。这说的是承认员工所思所想的重要性，说的是承认消极态度的蔓延对任何组织的前进、追求新的不同战略的能力都是莫大挑战的重要性。

阿里斯面临的最大挑战不是缺乏计划，而是团队正在经历的问题使得他们无力接受并执行计划。

我观察过另一家处境相似的公司，他们采用的策略是说出自己面临的境地。员工团结在战略和领导者周围，公司最终重新夺回了行业的领导地位。作为领导者，运用话语权也意味着让组织对它自己定义的并向市场阐明的优秀品质和战略负责。例如，如果一个组织致力于拥有从上到下的多样性的员工队伍，那么领导层应该坚持不懈地专注于让女性和有色人种担任高级职位，直到有各种不同的声音构成了强劲组合，为组织带来强有力的结果。

另外，领导层必须继续表达这样的事实：组织“落后了”“没有达到它希望的水平”“积极地进行变革”。对一个明显的缺陷或问题发表意见将会产生加速变革的催化剂，并会让那些负责招聘的人担起责任，直到目标实现。领导层不能只满足于尝试填补职位空缺，而是必须穷尽所有内外部资源招揽人才，不懈尝试直到目标实现。

勇气

勇气是将刻意领导的所有珍珠串在一起的丝线。做真实的自己需要勇气；与你的员工打成一片、聆听他们的想法、建立有效领导他们所需的信任关系需要勇气；当你不知道未来会发生什么，向他人阐明现状需要勇气；培养其他领导者并让他们准备好做你的接班人需要勇气，尤其是当你无法清楚地看到自己职业生涯的下一步时；有意识地关注多样性、思考如何从战略上将其纳入运营计划也需要勇气。

如今，许多企业领导者，甚至是那些自认为具有“颠覆性”的硅谷首席执行官，在招聘、培养和留住领导层方面都安于现状。这是我们今天仍在美国企业界讨论多样性、公平性和包容性的主要原因之一。如果领导者有足够的勇气去创建程序和步骤，以保证他们能够持续接触到多样性的人才，让招聘行为本身能够消除无意识的偏好，制定意图明确的人才培养和留用政策，那我们在多样性、公平性和包容性方面会走得更远，在美国和全球的公司中会涌现出更多的多元文化和女性领导者。

正如我在本书前面提到的，让领导者在多样性、公平性和包容性问题上停滞不前的主要原因是恐惧。他们害怕难以取得成功，害怕事情会出错、大部分员工可能会对此感到不满，害怕此举不会像所宣称的那样产生好的经济效益，害怕会令人尴尬地登上新闻头条，害怕如果进展不顺利，他们的领导业绩被玷污。

每天都以一名包容的领导者的姿态出现在员工面前需要勇气，如同我们在第五章中讨论的，还要格外努力征求其他人的意见。进行尝试和经受失败需要勇气，尤其是在高科技环境中，职场人被事实、数据、问题的非黑即白所驱动，他们担心犯错会遭到惩罚。

有意识地教会团队如何失败也需要勇气。然而，如果领导者能够创造一个让人们不害怕失败的环境，那么创新的速度和质量将远远超过目前我们在大部分情况下看到的情形。

领导力宝石：

诚然，这并不总是那么容易或舒服，但直接的沟通和“让一件事成为一件事”的勇气是解决问题最快、最有成效的方法。

最后，“让一件事成为一件事”需要勇气，这就是为什么那么多领导者在这一重要的领导力珍珠上失败了。当一个问题很棘手，或者暴露了公司文化或领导层的明显缺陷时，谈论它或完全回避它要容易得多。大多数领导者宁愿谈论英才政策，也不愿承认评估过程中存在人为因素。即使是那些认为自己拥有精英文化和公正客观的评估过程的组织，也经常忘记这个过程中人的因素。以投资银行的环境为例，每年年底对年轻助理的评判主要是他们在定量和分析任务上的表现，然而会有一个人决定谁做哪些项目，这意味着所有的项目分配并不平等。会有不同的人评判每项任务的成功与否，而他们的标准和和期望值可能都不一样，因此对同一个任务，每个人给出的分数可能都不同。我还可以举出更多的例子，在哪些情况下，人们对“客观”工作的评估最终会影响对一名助理全年表现的整体评价。

重点是在当今的环境中，为了成为一个强大、有影响力的领导者，需要有勇气、有意识地围绕着本章所介绍的“领导力宝石”展开工作。有意识地表现出足够脆弱的一面、与你的同事建立联结、表现出同理心、做真实的自己，这都需要勇气。作为一名领导者，如果你能意识到，要想以真实清晰的方式成功履行职责，保证多样性、包容性和创新性，那么在成为强大、有感染力、有影响力、有勇气的领导者的道路上，你已经迈出了第一步。

07

第七章 变革型领导者

第七颗领导力珍珠

在今天，领导他人需要有能力转变他人、形势和你自己。

我们正处于工作环境的转变之中，这种转变正在重新定义 21 世纪的领导力。几股力量正在汇聚，共同推动这一转变。千禧一代正成为劳动力市场的主力；女性发出的声音正以前所未有的方式被倾听；员工对职场的透明度有偏好（如果不称其为需求的话），他们要求组织和职场人对变革和创新有反应。此外，全球社会环境的特点是对环境、治理、人民福祉、平等的意识觉醒，这体现为消费者对企业在这类问题的回应和发声的要求上。

如果你同意我的观点，认为现在的确正在发生一场重新定义领导力的变革，那么你必然同意，为了在这个快速变化的环境中领导，必须做一个不同类型的领导者、一个变革型的领导者，这就需要某些新的技能和战略。如果你正坐在领导的位置上，你必须变革你的公司文化、技术平台、供应链、分销系统、招聘流程、企业宣传，而现在由于新冠疫情大流行带来的隔离经验，你不得不改变员工工作的方式和地点。当我们进入这个新世界，你要负责改变一些东西。

如果你的目标是成为一名领导者，那么你也需要培养你的转型技能，因为当今世界发生的技术和人群变化的速度只会加倍，我预测这种势头将会持续下去。

那种“要么听我的，要么走人”的专制型领导者，曾经在美国企业界和其他大多数环境中占据主流地位，直到21世纪初，但今天已经行不通了。这种领导风格会阻碍团队成员贡献建议，尤其是和你的想法不一样的建议。如果你想要发展和锻炼变革能力，那你必须了解其他人的想法和经验。要想成功，你需要比你的想法更好的想法，你需要人们投身于你的愿景，这样才会帮助你执行完成任何变革。在今天的世界中，如果领导者没有在企业中果断推动创新的偏好或愿景，在对组织进行变革的同时引进、融入自己团队的声音，那么，即使是那种2000年以来更流行的“协作与包容”的领导风格也发挥不了什么作用。

老实说，过去20年，一个接一个行业的企业文化极需要变革。随着越来越多的女性和有色人种受到良好教育、进入劳动力市场，需要企业文化保障他们有平等的学习、成长、管理和当领导的机会，让公司本身以竞争的方式利用多样性。然而，在一个又一个行业中，情况并非如此。许多公司继续他们的旧程序和步骤，没有充分发挥每年加入公司的多样性人才的优势。即使是那些认为通过聘用更多的女性和有色人种，令其企业文化不断进步的公司，也没有对它们的程序和步骤进行评估研究，以了解无意识的偏好的影响，例如，如何在公平获得组织内部的机会方面造成障碍。太多的公司和行业在职场人职业生涯的早期仍然会有一个主观的分配任务、交易和项目的过程，这为人们以后技能和经验上的不平等打开了大门。这些不平等的产生，并不是因为多数族裔员工和少数族裔员工在技能和能力上存在真正的差异，而是因为基于种族和性别，职场人在接触面和经历上存在不平等。企业现在才开始意识到，对文化变革的迫切需要，至少已经出现了四十年。

与此同时，创新已经从一个不错的加分项变成了企业的必要条件，合作和灵活现在是生存的法宝。这进一步推动了对变革型领导者的需求。尽管创新一直是任何公司增长战略的一部分，但过去新产品创造和推向市场的频率、模式风格和工艺变化的速度，都比今天慢得多。

当我回想起20世纪90年代初手机成为商业主流时，更新的频率大约是五年一次。但很快就变成了三、四年，然后是两年，而现在每十到十二个月，就会有一款新机型上市。长期消费者合同曾经是手机供应商业务模式的核心，而现在业务模式的驱动因素则完全不同了。今天，公司同时生产不同版本的产品以满足消费者对新产品和更好产品的需求。技术使公司能够大规模、快速地进行这种层次的创新。几十年前，领导者可以依靠创造巨大收入或盈利的套路生存，敏锐、灵活的思维和行动并不是领导者的必备品质，能够遵循沿用已久的套路就已足够。但今天的情况并非如此。拥有变革型领导者的技能和属性是在领导岗位上表现杰出的必要条件。

变革型领导者

变革型领导者有四个主要特征，我称之为4T。变革型领导者必须：

1. 深思熟虑（Thoughtful）
2. 公开透明（Transparent）

3. 坚韧不拔（Tenacious）

4. 出类拔萃（Transcendent）

变革型领导者不仅拥抱变革，还能预见、发起和领导变革。变革型领导者认同这样一种观念：变化是不可避免的、持续的、会带来成长的…… 成长是好事。

变革型领导者不受限于渐进式变化，这种变化只是建立在已经存在的基础上，他适应革命性的变化，这种变化需要重做、重设甚至再造。革命性的变化要求做一些与以往不同的事情。它需要创新，冒险进入未知的产品和工艺领域。以培乐多（Play-Doh）彩泥产品在二十世纪三四十年代的领导者为例，这家公司由约瑟夫·麦克维克（Joseph McVicker）创立，培乐多产品被用作清洁剂，可以去除由于使用燃煤加热器，附着在墙纸和其他表面上的煤渣。20 世纪 50 年代，随着家庭供暖转用石油和天然气，对该产品的需求急剧下降，该公司几乎倒闭。麦克维克的嫂子是一位幼儿园老师，她在艺术课上给学生们使用这款产品，发现孩子们喜欢玩它，用它做出不同的形状。麦维克尔一家人意识到他们有了重大发现——一款可以销售给儿童的新产品。他们迅速做出转变，改变了产品的颜色，最受欢迎的儿童玩具之一诞生了。培乐多彩泥在全球已售出了 20 亿罐，该公司仍然生机勃勃，现在是孩之宝（Hasbro）旗下的产品之一。

领导力宝石：

变革型领导者不仅拥抱变革，还预见、发起和领导变革。他们不满足于升级已有的东西，他们会彻底改变它。

深思熟虑

变革型领导者深思熟虑，富有战略眼光。当他们考虑转型的需要时，会对行业、差距、不断变化的消费者需求及品味和行为进行全面的分析和研究。当他们制定转型战略时，他们必须决定转型的内容、方式和时间。在一次会议上，IBM 的数据、人工智能和技术转型咨询业务负责人帕维尔·阿卜杜勒－拉赫曼（Pavel Abdur-Rahman）解释说，20 世纪初，IBM 本质上是一家硬件公司，到 20 世纪后期转变为服务公司，今天又转变为软件公司。这种转变是必需的，因为世界变得越来越智能，关联更紧密，更为数字化。随着消费者拥有的设备越来越多，硬件方面的技术竞争已呈白热化。

20 世纪初的新机器价格昂贵，价值很高；进入 21 世纪初，设备变得更小、更便宜、更易移动。许多新的竞争者进入了机器市场，很明显，商品化是下一个目标。IBM 当时的领导人萨姆·帕尔米萨诺（Sam Palmisano）看到了这一趋势，采取了战略行动，退出了曾经让公司处于领先地位但可能变为沉重负担的业务。IBM 创建了有助于他们转型的战略和流程。

变革型和创新型的领导者以颠覆性思维思考。他们制定颠覆性的战略，试图改变他们所在行业的“游戏”方式。换句话说，他们试图改变行业的竞争参数，甚至创造目前尚不存在的行为和消费者偏好。以亚马逊或 Yelp 网为例，1990 年，亚马逊还没有成立，《财富》50 强排名前五的公司依次是通用汽车、福特、埃克森美孚、IBM 和通用电气。2020 年，排名前五的公司依次是沃尔玛、亚马逊、苹果、西维斯健康（CVS Health）和联合健康集团

（UnitedHealth Group）。1994 年，亚马逊以在线书店的身份进入零售领域。大家都能够猜到，如果亚马逊作为一家利用电子商务和新兴供应链技术的在线书商取得了成功，那么在某个时候，它将从卖书发展到提供从衣服到日常用品的各种商品。

此后不久，在 2007 年，亚马逊推出了一款名为 Kindle 的产品。Kindle 的诞生是为了给人们带来更多的电子书。它发明了这个设备来存放和传送更多的书。在 Kindle 出现之前，人们读书的方式是亲自到零售书店或网上购买，或者从图书馆借阅。现在你有了一个设备，可以存储所有你喜欢的书以及你还没有读的书。

如果你乘飞机旅行，你不再需要携带或打包三四本笨重的书。相反，Kindle 允许你携带一个轻便的设备，你所有的书都可以放在里面。亚马逊从根本上为人们如何消费书籍和其他阅读材料创造了一种新的偏好。随着时间的推移，其他竞争者也进入了市场，但是 Kindle 一直专注于产品，以激发阅读、阅读、再阅读的欲望。Kindle 并不是平板电脑或 iPad 的替代品，但他们也开发了一款 Kindle 应用程序，可以在其他设备上使用。

我认为市场并没有预料到亚马逊会如何从战略上摆脱传统的积压和管理库存的零售模式，而转向第三方卖家模式。该公司现在为其平台上的其他卖家提供服务，为他们的商业模式增加了另一个收入来源。此外，它还创建了利润丰厚的云计算机服务，这一业务在很多方面补贴了他们的其他业务。

在消费者越来越多地使用该平台购买其他商品的同时，亚马逊也在潜移默化地影响着消费者的偏好，让他们对一周、两天、一天、当天的送货服务产生期待。想想看，就在不久之前，如果你通过电话或网上订购任何东西，如果准时收到，你会欣喜如狂，通常这需要两周！

两周是标准的预期，一周则超出预期！今天，如果卖家不能承诺至少两天内发货，消费者就会去寻找替代产品。毕竟，“谁能等那么久呢？！”亚马逊改变了该行业的竞争格局，创造了一种消费者预期，其他公司现在也必须满足这种预期才有竞争力。

和亚马逊一样，另一家彻底改变消费者行为的公司是Yelp。Yelp成立于2004年，还不到20年的时间，它的成立旨在众包[①]企业点评业务。起初，它帮助用户从他们的朋友那里征求建议和评论。但很快它就成了一个值得信赖的提供商业、餐馆等信息的点评网站。在Yelp出现之前，最值得信赖的点评来源，尤其是餐馆推荐，是成立于1979年的Zagat。由于Yelp是以在线平台的形式创建，它鼓励用户即时写评论，并在写下他们的体验时贴出照片，这一方式开创了人们日常给自己点的食物拍照并发布体验的消费行为。这家公司激发了消费者需求，他们想要与世界分享他们的经历，包括他们吃了什么，在哪里吃的以及他们是多么享受或者不享受！

看看这种行为上的改变！谁能想到人们每天都想拍下他们的牛排或鸡尾酒，和世界分享他们是在哪里吃吃喝喝，并写下关于一顿饭的评论呢！此外，Yelp同时改变了行业竞争的参数。突然之间，餐馆和其他服务提供商必须更多地考虑消费者体验，并从战略上吸引顾客给出好评或者不要给差评，因为它们注意到这些评论具有推动业务流量的作用。这家具有颠覆性、变革性的公司

① 众包（crowdsource）：一个公司或机构把过去由员工执行的工作任务，以自由自愿的形式外包给非特定的（而且通常是大型的）大众志愿者的做法。——译者注

影响了许多企业的服务提供方式，也重新构建了服务提供商与消费者的关系。

亚马逊和 Yelp 的领导层在将这两家公司转变为当今各自所在行业的领导者时，他们的思维是战略性的。在亚马逊，杰夫·贝佐斯（Jeff Bezos）在库存管理、在线运输、包装和送货方面发展了专业特长。他利用从与供应商的协作和伙伴关系中获得的专业知识，以及他从消费者行为和数据中提取的信息，扩展出其他业务领域，并发展出其他级别的专业特长。随着他从顾客那里获得越来越多的数据，这些数据的存储和安全变得越来越重要，于是亚马逊的云计算业务诞生了。这项业务据称比传统的在线业务还要大很多。看看变革的力量。

在 Yelp，拉塞尔·西蒙斯（Russel Simmons）和杰里米·斯托普尔曼（Jeremy Stoppelman）发现，如果消费者愿意接受朋友的推荐，他们可能也愿意接受陌生人的建议；如果人们愿意对所在地附近的商业场所进行点评，那么他们就可以邀请世界各地的社群对从餐馆到宾馆、到几乎所有服务及其提供商等一系列情况进行点评。他们将公司从一个与你认识的人联系的论坛转变为一个全球性的社区和用户生成信息的在线提供者，这也影响了服务供应商自身。

变革不仅会影响消费者和供应商，变革型领导者还会从战略上考虑变革会如何影响他们的团队成员。当他们考虑进行一次转型时，他们必须权衡是否有转型所需要的人才。21 世纪初，随着许多实体零售商开始转型开展在线业务，企业不得不换个方式来考量供应链专家。

他们必须考虑到，存储和包装的方式要同时兼顾商品特性和发货速度。他们必须考虑引进物流专家，以及用正确的方式来区分和发送商品以满足客户的需求和时间预期。从前他们雇用仓储或物流人员时并不需要这种专长。他们必须考虑这样的问题：你们对现有的劳动力进行培训了吗？你的速度能快到足够参与竞争，还是说你必须去找到能这么做的人才？你付给这些人才的薪水和你以前付给同等职位员工的薪水一样多吗？或者因为这是劳动力市场中一个不同的垂直领域，所以必须考虑不同的薪酬模式？

如今，许多变革型领导者都在为薪酬问题而苦恼，因为要跟上发展的步伐，各个行业都必须进行许多技术改革。掌握人工智能、机器学习、数据管理、网络安全机器人仓库管理等特定技能的人员、企业需要的其他软件专家和技术人员供不应求，因此需要不同的薪酬结构。在大多数情况下，这些新的薪酬结构与公司传统的薪酬结构大相径庭。对一个变革型领导者来说，将这些新的薪酬和奖励结构整合进一批任职期限很长，而且已经习惯了极为不同的工作环境的劳动力的薪酬和奖励体系中，是很具挑战性的。

变革型的领导者还必须考虑到拟进行的变革中谁赢谁输，尤其是那些被认为是输家的人。在变革中带领团队，他们必须从战略上制造机会，使得参与的人能从中获得一些好处，无论是有形的还是无形的。因为这两种东西对那些可能在变革中被视为输家的人来说都是有价值的。这是为那些人创造“胜利”的意识，吸引这些团队成员和领导站在一边，并确保他们富有成效和建设性地遵循和支持任何变革。作为一名领导者，思考变革的必要性以及变革的过程很重要。你不能假定，由于你已经确定了产品、服务或者业务的其他方面需要变革，企业中的其他人就知道该如何进行变革。

在过去三年里，我与许多高管的交谈中，很明显的一件事是许多人知道他们需要在组织内部进行文化变革。但他们没有发起变革的原因是真的不知道该怎么做。例如，在20世纪90年代的金融业，很显然公司需要改变交易部门的环境以更适应女性和多样性的职场人，然而领导者担心文化的改变会导致他们失去顶级交易员或重要的销售员。

在工业企业，领导者担心如果他们试图为传统上没有真正机会坐上一定职位的职场人士创造机会，就会破坏工会关系或失去关键的白人男性高管。因为这些领导者不知道如何进行这些变革以推动企业向前发展，他们基本上选择了让企业保持从前那样。他们害怕颠覆性的文化变革会“打乱计划”。

几年前，我曾与一位做股票多头的资产经理交谈，他知道自己需要改变公司的决策结构。公司有几名主要的证券投资经理，公司文化允许证券投资经理有权对他们的团队做任何他们想做的事（而专属资产经理则没有这样的权力），在同一品牌下有许多不同的证券投资经理。这些经理不仅决定了每个团队成员的薪酬——无论他们的角色或资历如何——也不考虑公司的指导方针，他们还决定他们去见客户的频率，并不按照公司每季度一次的指引来安排。他们甚至决定如何制作演示文稿，而且常常除去公司的品牌，突出团队名称或策略，造成团队向客户做演示的方式与公司的整体品牌不一致。证券投资经理还要求公司提供一定的资源，比如更大的办公空间、最新一代的笔记本电脑、增加的费用预算以及行业领先的薪酬。在开始新一轮的薪酬计划时，他们为自己的团队争取更大的奖金池、延长休假时间。从本质上讲，这些证券投资经理极难管理，而且要求不断。

这已经成为这家公司的一个主要问题，因为大型机构越来越多地发现整合资产的价值，而规避与独立资金管理人做生意的风险，因为在艰难的市场环境中无法为其提供额外的资源和支持。拥有高估值品牌的大公司，在资产配置中获得的份额超过合理的数量。独立行事的证券投资经理削弱了大品牌的影响力，并令与同一家资产管理公司的不同证券投资经理打交道的客户产生疑惑。

这位领导者知道他必须对这件事进行彻底变革。要在新的资产管理环境中保持竞争力，他需要恢复品牌传递消息的一致性，集中决策，削减成本。但是他害怕如果这么做，证券投资经理会辞职，带着他们各自投资策略下的资产离开，造成公司资产的流失，损害公司在市场上的领先地位。值得注意的是，我们进行这次对话的那一年，市场的表现消极，大部分证券投资经理表现不佳，发生的一些地缘政治事件导致股市拐入熊市，让他们措手不及。

华尔街出现了一些混乱，公司裁员，几乎没有公司在招聘。我建议他，这是启动实施他想要做出的变革的完美时机。没有哪个证券投资经理会在市场表现不佳时辞职。大部分资产管理的客户根据业绩向证券投资经理分配资产，没有一个证券投资经理今年的业绩会很好，从客户那里获得资产也将极为困难。此外，在糟糕的年份，拥有大公司的资源和能力本身就是证券投资经理的主要资产，可以说，这将帮助他们渡过难关。因此，任何一位经理辞职自谋出路的可能性很低。如果这些证券投资经理不打算自己创业，也不太可能在市场低迷时被竞争对手雇用，他们会去哪里？对他来说，这是一个完美的时机，可以进行他所需要的组织变革以帮助转变和改善企业文化，同时也几乎没有失去顶级人才的风险。混乱孕育机遇，这也是他实现变革的机遇。

不幸的是，这位领导者非常害怕失去人才从而影响公司管理下的整体资产，以至于他没有做出改善组织、统一和加强公司品牌所需的变革。证券投资经理继续各行其是，公司的品牌慢慢被侵蚀。公司失去市场份额，最终他被一位利用市场环境采取行动、成功实施必要的文化和治理架构变革的领导者所取代。

对变革型战略来说，时机或时间非常重要。有些变革需要有持续多年的战略，特别是如果你正在尝试像 IBM 那样从硬件公司转型为软件和服务公司。这样的转变当然不会在一个财政年度之内完成。在这种情况下，制定时间进度表更加重要，这样你和团队就能够专注于完成任务，不会被其他短期优先事项分散注意力。

同样重要的是，当你在计划变革时，要尽可能具体地描述里程碑和资源需求，必须缜密思考你可以做多少实际的事情来展示和表明即将发生的变化以及这种变化的好处，尤其是在变革的前几个季度。向你的团队展示时间表和期望结果可以巩固你试图实现的变革的重要性和可信度。集体寻找关键的里程碑不仅有助于让团队专注于进步，还会在这个共同的目标上创造一种凝聚力，让公司变得更好、更有竞争力、赚更多利润，或者仅仅是成为一个更好的工作场所。

公开透明

无论何时，当你试图去实现一个变革，公开透明都是创建信任所需的关键和必要因素。我在本书前面讨论过，变革型领导者明白，要想让团队成员或整个组织都接受变革，他们需要建立信任。首先，这些领导者确定需要让什么事情发生，然后他们分享变革如何发生、何时执行。从一开始，领导者将公开透明作为一种获得反馈和参与执行变革的方式。即使面对未知，领导者公开透明的表达出他们在做什么和不知道什么会让团队成员更适应变化，并鼓励他们一起前行。一位强大、有影响力的领导者希望每个人都能成为计划的设计师，或者至少让每个人都觉得他们影响到了计划，因为当每个人都认可变革时，变革成功的可能性就会提高。

我从我职业生涯早期的一位领导那里了解到公开透明在团结和激励团队方面的力量。在我担任部门运营官时，我与这位领导密切合作。他一贯的做法之一是为任何会议准备一份议程，无论是团队内部会议还是外部客户会议。每次开会时，他都会对讨论可能产生的结果提出自己的观点，在某些情况下，他非常清楚自己想要传达的是什么。然而，他承诺保持开放的心态，以备团队讨论产生比他自己的想法更好的想法。我曾经问他为什么对所有信息都能如此透明，他告诉我无论讨论中决定了什么，他都想让整个团队参与制定战略。如果由于某种原因，事情没有如他预期的那样发展，团队希望的结果没有出现，他希望每个人都承担起责任，而不是怪罪这个人或那个人，而是要一起赢或一起输。

在会议开始时，他会列出他所知道的客户目标，分享他对公司可以解决客户问题的不同方法的思路和想法。然后，他会邀请团队的每个成员提出他们的思路，他会一个接一个地讨论他们的假设，插入其他只有他自己知道的信息，比如公司当前的风险偏好。他会邀请其他人参与讨论，并征求他们的意见。在大多数情况下，团队最终会得出接近他最初观点的解决方案，但他们会觉得答案是通过讨论和协作的过程推导而出。

通过对他所知道的关于客户的信息、风险承受能力、承诺资本规模等的公开透明，他让团队看到，他相信他们会根据这些信息做正确的事并对这些信息保密。这进一步激励他们一起工作，以制定出最佳的解决方案。

领导力宝石：

透明建立信任。

这是非常重要的一点。每个人都高度重视信任。正如我前面提到的，让你的团队信任你是你在任何环境下都能领导好的关键，无论经济形式是好是坏，在高增长时期还是紧张的环境中，甚至是在新冠疫情期间。如果你的团队觉得你信任他们，他们也会开始信任你，特别是如果你是公开透明的。反之亦然，正如我在前一章中提到的，如果你的团队觉得你不信任他们，那他们就会开始觉得也许有理由不信任你。在这种情况下，最好的结果是减缓你变革的势头，最坏的结果是完全阻碍变革。在他任职之前，该团队以其工作氛围苛刻著称，领导非常专制。这位领导者不仅在管理团队的方式上深思熟虑，具有战略眼光，还将公开透明作为建立团队凝聚力和进行文化变革的有力工具。在他的领导下，该部门的收入连续多年创下纪录。

坚韧不拔

没有领导者，变革不会发生，因为环境，尤其是工作环境，不会自己改变。在我们所处的工作世界，变化正以前所未有的指数级速度发生。一个组织能够保持与时俱进、竞争并持续取胜的唯一方法是要有一位具有变革精神的领导者掌舵，他必须有足够的毅力开始变革，坚持不懈，在必要时进行调整，直到变革完成。

无论何时你试图改变一种文化、程序甚至你自己，你都必须做好长期准备。俗话说“可持续的变化不是一夜之间发生的”，这是有道理的。作为领导者，当你踏上变革之旅，不可避免地会遇到挫折、障碍和反对者。重要的是你要为这些事情做好心理准备，同时也要确保你的身体为长期工作做好了准备。我有一个朋友，他是一位非常成功的《财富》500强的首席执行官，他保持自己的身体健康就像他对公司战略一样坚持不懈。他曾经告诉我，如果他的身体没有准备好应对意外的挑战——例如，耐力不能承受长时间工作和意外的、有时是长期的全球出差（这些常常伴随着危机和变革而来），他就无法成功地领导。在一个快节奏、充满活力、竞争激烈的行业中，作为一家公司的首席执行官，他经常同时肩负着管理监管、法律和行业挑战的任务，还要制定战略并选择能够帮助他成功实现愿景的高管。这样做需要他保持精神和身体的力量。

坚韧不拔意味着你不断地回到计划中，不断地修改它，直到达到你想要的结果。在你实现变革目标之前，你必须为一次、两次甚至是五次挫折或延迟做好准备，坚韧不拔还意味着预料到有时你会停留在原地，不前进也不后退，达到某种限度的成功但停留在那里而不是继续进步。

在公司环境中，由于许多原因，变革可能会进入这种停留模式。例如，供应短缺、有人出乎意料地离开了公司，或者经过一年的变革，董事会可能决定朝着不同的方向前进。其他利益相关方可能只是对这种“暂停”失去耐心、想要放弃，因为他们觉得在最初的两到三次尝试中没有达到预期的结果。有时候你所采取的策略并没有达到预期的效果，你会发现自己需要回撤并重新开始。如果你想进行一桩公司收购交易，领导或董事会可能多次拒绝你的报价，因为他们想要报价更高，或者试图独立为股东创造更大价值。无论哪种方式，作为一个领导者，你的工作就是坚韧不拔地完成变革。

在过去的二十年里，有许多公司已经改变了他们的商业模式、供应链和内部文化。文化转型是我们今天在市场上看到的最常见的变革之一，而坚韧不拔是最重要的工具之一。实现文化转型的时间表往往跨越领导层的任期。在当今的生态系统中，技术变革可能是第二常见的，而且它也经常跨越领导层的任期。正如我们在本章前面讨论的，IBM 是技术转型的最佳例子之一。但人们也可以说，通用汽车已经从一家汽车制造商转型为一家科技公司，沃尔玛已经从一家传统的实体零售商转型为一家技术驱动型公司。施乐公司已经从复印机公司转型为文件服务公司，而四大会计师事务所在保持传统业务线的同时，它的业务线也从传统的会计业务转型为咨询和顾问业务。

看看音乐行业发生的运营变革。虽然唱片仍然是一个核心业务，但随着权力从大型唱片公司转移到艺术家手中，发行模式已经完全转变了。科技使得艺术家可以在线播放他们的作品。像奈普斯特（Napster）、SoundCloud 和其他公司这样早期的颠覆型企业，已经发展成为像 Spotify 和 YouTube 这样的巨头。曾经拥有所有高质量电视内容的网络电视公司不得不转型，开发流媒体产品，与奈飞

（Netflix）、Hulu 等其他公司竞争。内容创作者和米高梅电影公司（MGM）、20 世纪福克斯（20th Century Fox）等大型电影公司不得不将它们的模式从高预算项目转变为与亚马逊和奈飞竞争的项目。

这些变革都不是迅速发生的。这些领导人坚持不懈，致力于做出这些改变。他们制订了多年计划，其中包括详细的和有针对性的投资，以实现这些演进。在几乎所有这些案例中，当前的领导层都不得不坚持雇用新的人才，甚至设计新的薪酬结构来吸引人才。这些变革所需的技能和能力是公司传统业务模式之外的，也不同于公司现任成功高管拥有的技能。与任何一位成功领导过技术或文化转型的领导者交谈，他们都会告诉你，这是一个多年的过程，需要非凡的坚持和毅力。改变一个公司的文化或其技术根基不适合胆小的人！在很多情况下，开始变革的领导将不再是变革完成后领导公司的人。

在最近一次金融危机中（2008 年），金融业从一个以过度冒险和杠杆资产负债表为特征的行业转变为一个监管规则增加、监督加强的行业。我们看到许多银行重构资产负债表，出售附属业务，并更加严格地关注资本充足率、核心资本和压力测试。我们还看到许多公司领导层的更替。

这个强监管的新环境对领导力的要求也不一样了。它要求领导者善于建立关系，对监管机构和评级机构负责，坦率地说，要花大量时间与这些机构打交道。就像危机发生之前，领导者的时间会用在客户身上，在危机期间内，他们必须与入驻公司总部好几年的监管机构培养关系。由于许多银行的评级被下调，银行领导人必须坚持关注这些重要关系，以华尔街的领导从未用过的方式公开向市场提供有关战略和业绩的信息。

在展现坚韧不拔特质的同时，领导者必须表现出对变革的紧迫感。如果你的团队不认为变革是一个积极、有明确时间表、具有战略意义的大事件，那么这个变革将会是脆弱到不堪一击的。我要强调的是，在制订变革计划时，作为领导者，你必须要有一个清晰的时间表，其中包括里程碑和加速点。你还必须坚持不懈地招聘其他关键领导人，让他们了解并支持你的愿景。没有一个领导者能够单凭一己之力完成变革。如果你不坚持招聘其他人来支持变革，那么你会容易受到组织内部其他竞争团队的攻击，最好的情况是他们不支持你，最坏的情况则是故意破坏你所有的努力。

出类拔萃

在牛津词典中，Transcendent 一词的意思是“超越寻常；例外”。如果你想成为一个变革型的领导者，你必须能够不受变革时期不可避免的抨击和批评的影响。会有很多唱反调的人谈论为什么变革需要太长时间或者不会起作用。由于要对变革计划进行辩解，大多数普通领导者的注意力很容易就此分散，变得气馁，甚至可能让自己停下前进的脚步。普通的领导者会质疑和反思自己，并对变革的效果有所妥协。这种不安全感会削弱你的信心，威胁到你成功执行变革的能力。

领导力宝石：

变革需要坚韧不拔和专注；你必须超越唱反调的人，专注于自己的最终目的。

作为一个出类拔萃的领导者，你必须无视所有噪声。你必须相信，你已经做了分析，研究了数据，听取了员工和市场关于变革需求的意见。重要的是，你要不断前进，专注于变革的成功。即使在挫折中，你也必须从任何令人失望的时刻中走出来，继续专注并谈论一旦变革完成，组织将达到的愿景和成功。作为领导者，重要的是在过程的每个阶段，你要让人们不断地想象“将会是什么”，而不是“现在是什么”。你的愿景和表达愿景的能力对你的成功有重要作用。

你如何置身于纷争之外？你必须让自己周围的其他领导者都认同你的愿景。在你前进的过程中，需要他们的才智来帮助你明确战略，因为不可避免地会有关键性的调整。你需要他们的经验，他们可能经历过其他变革，他们在公司的特定领域、变革方面术业有专攻，他们对人才有着“实地”了解，而这些人才可能对变革的成功起到关键作用，并在未来发挥重要价值。你还需要他们与其他专家、人才之间的关系网，这将有助于推进和加速变革。这一小群人可以对他们的下属耳提面命，灌输你的愿景，确保它一直是他们工作的重点。这会给你所需要的支持，让你超越任何对你的目标构成威胁的负面势力。

08

第八章
在危机时刻领导

第八颗领导力珍珠

可见性、透明度、决断力和同理心将帮助你做有效领导，度过危机。

在我写这本书时，新冠疫情正在全球各地肆虐。截至2021年9月中旬，新冠病毒（或者说COVID-19）已经在全球221个国家影响了超过2.25亿人，造成460多万人死亡。在美利坚合众国，这一疾病影响了近4100万人，造成近66万人死亡。

在这种时刻，我们指望民选官员和被任命的官员——那些我们通常认为坐在领导岗位上的人。然而，如果那些被我们选上这些岗位的人未能告知、指引或领导，随着时间的推移，往往会有其他个人以领导者的身份出现，我们开始把他们当作可信赖的或者权威的声音，因为他们提供信息、指导和希望。我们几乎是无意识地开始追随他们。我最喜欢的一句话是“如果别人不追随你，你真的是在领导吗？”所以，这个推论一定是正确的，当别人追随你的时候，你就是在领导！

在这次危机和我一生目睹的其他危机中，比如1987年的股市崩盘，2001年“9·11”事件中对世贸中心和五角大楼的袭击，2008

年至2010年的金融危机，我见过超乎意料的领导者的出现，那些坐在领导位置上的人，确实以一种异常出色的方式领导，但也有一些人没有这样做。在危机时刻，强大且有影响力的领导者通常会做五件事：

1. 他们是可见的。

2. 他们透明、坦诚，清楚说出自己知道的和不知道的事实。

3. 他们果断迅速地采取行动。

4. 他们让一件事成为一件事。

5. 他们表现出脆弱。

如果你在这个星球上待了一段时间，你可能会在某个时刻发现自己处于危机环境中。无论你是在正式的领导岗位上，准备好做一名领导者，领导一家大型上市公司还是一家初创企业，我建议你考虑将这五件事纳入你的领导力策略中。

可见性

作为领导者，你能做的最重要的事情之一是让人们看到你。人们对你的看法将决定他们是否会相信你所说的话或听从你的指示，这在危机期间尤其重要。

一旦危机袭来，你的首要任务是尽快出现在员工面前。如果不可能现场会面，那就使用任何被广泛接受的沟通方式。在过去，这种方式是电视或视频会议，而现在，这种工具可以是社交媒体，如脸书、推特、照片墙（Instagram）、Zoom、环聊（Google Hangouts）、微软Teams、FaceTime或其他移动或数字方式，可以一次性接通所有人。

想想这个国家发生的重大危机。每一次，美国总统都会在事件发生后数小时内出现在电视上发表全国讲话。2001 年，世贸中心和五角大楼被恐怖分子的飞机撞击；2008 年，世界陷入金融危机，雷曼兄弟（Lehman Brothers）、贝尔斯登（Bear Stearns）和华盛顿互助银行（Washington Mutual）等银行宣告破产；甚至在 2020 年，当新冠疫情开始流行以及最终在美国造成公民死亡时，领导人也发表了全国讲话。

我清楚地记得，2001 年我和同事站在交易大厅里，难以置信地看着电视屏幕，眼睁睁地看着第二架喷气式飞机撞向世贸中心南塔。当时负责股票部门的执行董事，也就是我老板的顶头上司，20 分钟内就出现在交易大厅，让所有人离开大楼。虽然他不知道那天接下来会发生什么，但他知道恐怖分子袭击了纽约市的标志性建筑，接下来对时代广场（我们所在的地方）进行袭击并非不可想象。他知道最重要的是让人们离开大楼，离他们的家和家人越近越好。他来到交易大厅，表情凝重，指引我们迅速离开大楼。他没有使用扩音器；他亲自来到大厅，这样他就可以看着我们每个人的眼睛。我不知道我要去哪里，但我确信我必须离开，因为我的领导就站在我面前，告诉我要离开。

根据定义，在危机中情况是不稳定的，没人知道会发生什么。未来是不确定的，危机的结果是未知的，人们感到他们的安全和福祉受到了威胁。总的来说，我发现人们并不是讨厌变化，他们害怕的是不确定性。当不确定性突然到来，恐惧也会如影随形，它会造成或加剧不安定感，这在一个公司的环境中绝对会阻碍进步、影响生产力。在变革或危机时期，你的组织需要看到你，因为你创造了一种稳定感。在新冠疫情期间，许多公司不得不转向一种不同的工作方式，许多员工在家或其他地方远程工作。在远程环境中也是如此。你可能会说，通过屏幕向员工发言，只是现场发言的糟糕替代品，这没错，但它至少提供了一个建立联系的机会，并鼓励他们领导你度过危机。

在飞机撞击世贸中心数小时后，乔治·沃克·布什总统出现在电视上，向美国人民通报了当时发生的事情，并将这场悲剧定义为恐怖袭击。几天后，他飞往纽约市和宾夕法尼亚州，这两个地方都有很多人遇难。他在纽约曼哈顿下城世贸中心遗址发表电视讲话。这很重要，因为这个国家，坦率说，全世界都感到高度的恐惧和不确定性。他亲自在现场发表讲话，给人们带来一种安定感。因为他在那里，这表明在纽约市的那个地点不会再发生任何其他事情。这是当然的事，美国总统不会到一个仍然存在威胁的地方。此外，他还阐明了对恐怖分子进行报复的想法和意图，并向恐怖主义宣战。显然，没有人知道接下来的几天会发生什么，但他对美国人民和世界各地的盟友是可见的，在这场真正的危机中传递出了稳定的信息。

当新冠疫情席卷美国时，纽约州和纽约市的领导人利用电视、广播和数字媒体与民众沟通。他们甚至在每天的同一时间进行每日广播。为什么？为了在众多的混乱和不确定中建立一种稳定感。

受感染的和死于新冠的人数每天都在增加，有时甚至呈指数级的增长。这些数字很可怕，没有人知道每天会发生什么。但纽约人知道，他们可以依赖的是州长每天上午 11 点和市长每天下午 4 点左右的广播，他们各自都在播报他们在那时所知道的真实情况。许多人，包括我在内，开始依靠这些广播来了解感染和死亡的情况，目前的方案是什么，当时的前景是什么。在此期间，全国都在接收来自联邦政府的电视简报，而这些信息往往是不一致甚至矛盾的。这些州和市的领导人在危机期间成为事实上的领导人，向民众讲述普通人在这段时期内可以期待或应该做的事情。不久之后，包括CNN、CNBC和福克斯新闻在内的美国有线电视新闻网，也开始播放节录的纽约州简报（即使不是完整版）。此后不久，其他州的州长和主要城市的市长也开始以同样的方式向他们的民众进行播报。

领导力宝石：

在危机时刻，领导者会让自己出现在人们眼前。

随着新冠疫情危机的持续，领导人越来越多地让医学专家参加简报会，并站在镜头前告诉公众如何保持安全和健康。之后，他们将讨论疫苗的研发和面世以及它的优缺点和风险。当疫苗上市后，现任和前任领导人都播出自己接种疫苗的信息，以鼓励其他人也这么做。这种可见性能够影响早前对疫苗持怀疑态度的人。每天各大新闻都播放美国前任和现任总统、副总统、娱乐明星、体育明星和一线工作人员接种疫苗的情形。在我写这本书时，可见性策略仍然被使用着，因为仍有数百万人没有接种任何形式的疫苗，美国尚未达到产生群体免疫的疫苗接种率。

透明度

2008年9月12日的那个周末在我的记忆里留下了深深的烙印。

在这之前的几天，情况很明显，雷曼兄弟——那时的世界第四大投资银行——撑不过一周。其他金融巨头，包括华盛顿互助银行和贝尔斯登，也宣告破产或者被其他更大、更稳定的竞争对手收购或兼并，人们纷纷猜测高盛（Goldman Sachs）、美林证券（Merrill Lynch）和我工作的摩根士丹利等公司会发生什么。事态发展如此之快，很难判断哪家银行会被出售，哪家银行会是下一家倒闭的。

9 月 15 日，周一，时任摩根士丹利首席执行官的麦晋桁（John J. Mack）召集公司所有执行董事开会。他告诉我们，他和其他华尔街领袖已经被召集，与纽约联邦储备银行主席蒂姆·盖特纳（Tim Geithner）、财政部部长汉克·保尔森（Hank Paulson）等人一起工作，提供建议，共同制定救助其他银行的解决方案。

尽管他还没有为自己的公司找到解决方案——随着金融市场的暴跌，他的公司显然面临着倒闭的威胁——但他还是把高管召集到了一起。他向我们讲述了发生在我们身边的危机，讲述了他和公司的其他人与白宫等部门进行的活动和讨论。虽然他不能报告将会发生什么，因为他也不知道，但他公开透明且就在人们眼前，这让我们这些管理着别人的人下定决心，对我们的下属也这么做。因为他冷静自信，我们也能在我们的团队面前同样的冷静自信。无论发生什么，我们都相信他会带领我们度过危机，或者至少说出他所看到的，告诉我们真相。

透明是力量的标志，它赋予领导者和他们周围的人力量。当领导者不透明时，追随他们的人开始怀疑是否有需要担心的事情，他们怀疑有什么是自己不知道的，或者还有什么是没说出来的。他们想知道掌握话语权的领导者是否值得信赖。在缺乏信息的情况下，人们容易受到恐惧的影响，很容易从事实中分心。没有什么比恐惧传播得更快，当它开始在公司环境中传播，会导致生产力和信任的崩溃，最终导致文化本身的崩溃，尤其是在危机时刻。

对领导者来说，在危机期间保持透明如此重要，原因之一在于带领人们穿越危机、进入未知领域正是领导者的职责所在。就其本质而言，危机意味着事件的结果不可预知，但如果有几件事成功发生，这一结果又会变得可预测。此外，一般很难确定一场危机会持续多久，期间是否会有其他事情发生造成额外的难题叠加，或者阻碍危机结束的进程。

例如，在新冠疫情期间，许多商店和餐厅关闭，学校停课。人们被要求在合适的地方躲避疫情，除非外出购买食物、水和汽油等必需品。没有人知道这个避疫方案会持续多久。我们克服新冠病毒的能力取决于可行性疫苗的研发和投入使用并让一定数量的人接种疫苗以实现群体免疫，或者至少使人们免于转为重症或死亡。这也取决于疫苗的成功投产和分销等诸多事情，还有让人们接种疫苗要依靠向公众普及疫苗的安全性，制定成功的营销信息并说服人们接种。

让人们愿意接种疫苗的关键之一是制药公司对试验所显示的研究数据的透明。如果制药公司对疫苗的研发、准备就绪的时间表、美国食品药品监督管理局（FDA）的批准手续等不透明，他们就不可能像迄今为止所做的那样，让那么多人接种疫苗。即使对公众保持信息透明，我们仍然有很长的路要走。

还有无数其他的例子表明，公开透明对于度过危机、让人们重新对品牌生起信心很重要。1982 年强生公司的泰诺（Tylenol）危机就是一个例子。尽管该公司对芝加哥地区几个人的死因进行调查，发现是由于胶囊中掺入氰化物，并且只是特定地区的一批药物被做了手脚，他们还是立即召回了每一瓶药，停止生产、做广告，为消费者提供替换药品。这种表达他们“客户至上”的心态、迅速向公众披露信息的公开透明的做法，使得他们在很大限度上维护了公众的信任和信心。这种公开透明使他们能够重建品牌，保持消费者对泰诺和其他后续产品的忠诚度。

作为当今环境下的领导者，你必须有一定的透明度，而 20 年前企业的领导者则不必如此。如果你是二十世纪八九十年代的领导者，你创造的部分价值与事情的秘而不宣有关，“秘密武器”是一种营销手段。然而，如今，由于社交媒体和公众对诚实、现成的信息的渴望，你必须比前辈更愿意透露公司的战略、面临的挑战甚至赢得的胜利。这不仅能帮助你留住现有团队，还能帮你吸引新的人才。

2020 年中期，尤其是美国，显然在经历一场社会动荡危机，许多公司必须阐明他们在多样性方面的努力，他们对支持多样性的职场人、缩小对有色人种企业家的资本分配差距的承诺，以及披露关于对有色人种代表的尊重和其他员工薪酬平等方面的数据。

虽然许多公司对披露此类信息感到不安，事实上他们以前从来没有这样做过，但很明显对这些话题保持沉默可能会被误解，对公司的品牌、声誉或市场价值造成严重损害。在多样性问题上保持公开透明，对公司领导者以及他们在这类话题上与员工互动、就客户的询问做出回应很重要。

透明度是建立信任的关键因素——员工的信任、客户的信任、股东的信任。在危机中，作为一名领导者，更为重要的是如果你想让上述任何一个群体在危机期间、处理危机的过程中、危机结束时都与你同行、支持你，你就要做好准备，保持透明。无论对大型企业的领导者还是初创企业的领导者，这一点都适用。在一家大型公司里，如果现在的员工觉得他们不相信你能实现公司作为雇主的价值担当，比如平等的工资、发展机会、职位的晋升移动以及平等地享有机会，他们就不会待在你的公司。

为了保持你的公司的市场份额（当然也为了获得市场份额），你必须向消费者公开你的客户价值主张，包括你什么时候能待还，什么时候不能待还。如果你是一家上市公司的领导者，你必须对股东保持透明，特别是当你发布的季度业绩报告低于他们预期的时候。如果股东认为你对信息有所隐瞒，或者作为领导者你对存在的问题、对问题的了解或者问题的严重程度没有做披露，他们的反应会很强烈——你将经历公司股价的迅速下跌。

如果你是一家初创公司的领导者，你对员工信息不透明，可能会导致你失去有价值的团队成员，而这一时刻正是人力资本对公司运营和扩大规模而言极为重要的当口。这也会削弱你吸引其他人才的能力，因为对高级人才来说，初创公司的生态系统非常小，如果你被认为是一个没有透明度的领导，员工很快就会把你在领导方面的负面评价传播出去。

作为初创公司的领导者，通常一次危机就可能让你失去公司，或者让公司面临能否持续下去的问题。对你的客户而言，当你还不能交付产品或实现客户价值主张时，保持信息透明更为重要，因为你正处于建立客户忠诚度的过程中。在公司成立初期，客户不会给你第三或第四次机会来赢得和维持他们的忠诚。如果你在让客户失望之前就与他们沟通，让他们为将要发生或可能发生的事情做好准备，而不是在事情发生后再试图去修复，客户才更有可能给你第三次、第四次甚至第五次机会。

信任是留住客户、员工和股东的关键。一旦信任遭到破坏，就很难修补和恢复。

我注意到有些领导者害怕信息透明。他们害怕犯错，害怕不得不放弃或改变他们曾大声宣布的事情。不要因为担心危机的结果可能和你预报的不一样而跌入隐瞒信息的陷阱。你的策略应该是沟通传达你所知道的潜在结果和可能性，通过准备和给出不同的结果，对你的听众——你的团队、客户、股东予以回应，这会让他们觉得局面在你的掌控之中。

当然，有些事情的发生可能是你预料不到的，但你可以在对情况进行更新时做出解释。在你努力做到信息透明的过程中，你不必为每一个潜在的结果采取预防行动，关键是要对你如何看待这场危机保持透明，在你能披露的范围内清楚地表达你所知道的，给你的听众你和他们共同经历或你会负责任的感觉，例如，“我们在一起”“我需要你和我在一起”或者“你知道我所知道的”。

在金融危机的初期，摩根士丹利首席执行官麦晋桁会定期召集公司执行董事开会，听取他最近在华盛顿参加会议时的最新情况，或者是他与其他金融领袖通话的情况。他提供给我们可以和各自团队分享的信息。事实上，他会给我们指示，将我们作为高层领导讨论过的话题传达给我们的团队。现在，十多年过去了，我读了一些关于那个时期的书，很明显他在那些会议上告诉我们的一些事情，实际上正是他与华尔街其他领袖开会时的真实情况。剩下的信息都是猜测、可能性和潜在的结果，有些发生了，有些没有。

然而将我们召集在一起这一举动，至少对我来说，帮助我克服了恐惧，让我能够自信地和我的团队及公司中的其他人谈论问题。由于他保持透明，我觉得我信任他，相信在他治下不会有令我感到震惊的事情发生，相信他和他的团队正在尽最大努力工作，为公司和我们所有人找到最好的解决方案。在那些金融危机最初发生的日子里，我一次也没有恐慌过，即使在公司的股价跌到只剩个位数，或者市场在一天内跌了 1000 点时！公司的许多领导者也在坚持稳守他们各自负责的业务，而一小部分人为了公司安然度过危机，在不知疲倦、勤勉尽责地工作。因此，公司从危机中脱颖而出，成为华尔街最强大的公司之一。当然，像许多其他公司一样，它也有问题要解决，但相对来说我们找到了一个出色的合作伙伴，我们进行了资产负债表的重构和一些业务的重组，一跃成为行业中最健康的公司之一。

决断力

一般在危机中，你最缺少的就是时间。危机来袭往往又快速又猛烈，需要你迅速找到解决方案。优秀的领导者明白，在应对危机之前掌握所有的事实情况是最理想的，但通常做不到这样。领导者往往必须在信息不完整、不精确、潜在结果无数且不清晰可见的情况下安心自信地做出决策。

优秀的领导者首先利用所有相关信息，借助他们所能找到的每一个适合解决危机的专家。他们迅速评估谁可能受到危机影响，然后根据他们所掌握的有限信息确定需要做什么，并讲述谁会受影响、受到什么样的影响。

随着新冠疫情开始影响美国，正如我们目睹中国、韩国和意大利所发生的那样，阻止病毒传播的一种方法是隔离，限制人与人之间的接触。但是，美国联邦政府没有明确授权这么做。尽管美国有几十例确诊病例，但大多数企业仍旧照常运营。在美国大部分地区，航班照常营运，人们照常乘坐地铁和公共汽车，学校照常上课。

然后，一个周末纽约市的病例数量增加了两倍，接着又变成了四倍。威胁很明显，迫在眉睫。就在那时，政府开始采取措施限制——是限制不是阻止——人与人之间的接触。尽管政府呼吁保持社交距离，但我们看到数百名十几岁、二十几岁的年轻人在佛罗里达海滩上聚会的照片，我们看到数百人在公园里散步、骑自行车，孩子们在操场上奔跑、嬉笑和玩耍，直到纽约市、加利福尼亚州、新泽西州和佛罗里达州等地的死亡人数开始成为每天的新闻头条。虽然最终出台和实施更严格的限制措施，但有人可能会说，如果联邦层面的明确指令早点出台，各州可能会更快地下达居家令，从而能够在更早的阶段阻止病毒的传播。

在纽约、新泽西和康涅狄格这三个州之间的地区连续三周出现新冠病例之后，仍然没有联邦政府层面授权或协调的政策和程序来阻止病毒的传播。到危机发生的第四周，这三个州的州长已经碰头协商应对措施。他们了解合作的力量，并试图消除人们为了避免受限制而从一个州搬到另一个州的投机行为。更为重要的是，他们希望将其如何制定应对措施的方式同时也展示给其他州，以供全国其他地区效仿。

他们利用全国媒体来宣传他们的策略。这 3 位州长都不确定他们的回应是否 100% 有效，但他们知道，在没有国家层面指令的情况下，这可能是有帮助的，肯定比没有回应、没有策略要强。他们没有等待联邦层面关于他们会面制订计划的许可。他们根据所掌握的有限信息评估了形势，采取了行动。面对未知，作为领导者，必须利用自己所处的位置为他人指明方向。

在这场危机被命名为新冠疫情大流行的五周后，美国一些最负盛名的大学单方面决定，不允许学生在春假后返校。它们明白它们无法掌握学生在休假期间去了哪里、接触到什么、返校时可能会将什么带回教室和宿舍。这是一个非常大胆的举动，想一想这背后的诸多因素——学生已经交了的学费、已经申请的助学贷款、已经收取的住宿费和餐费、远程授课的启动和是否具备必要的技术能力，以及推迟或取消的毕业典礼。

抛开所有的顾虑，他们意识到，作为国内规模最大、排名最高的教育机构，如果他们在这场危机中不表现出领导力，谁会呢？谁的位置最会引来其他人的追随？没有校董会的小型教育机构的领导层会有勇气做出如此大胆的决定吗？优秀的领导者明白，有时你必须以身作则，给他人空间、给他人做掩护，让他人能够决定采取行动。

决断力是关键，不仅是在危机中，也是让危机转向的关键。回想一下 2007 年哥伦比亚广播公司（CBS）解雇唐·艾莫斯（Don Imus）的决定，因为他在一档早间广播节目上对罗格斯大学女子篮球队发表了被视为种族主义和性别歧视的言论，公众立即产生了负面反应，几天之内，微软全国广播公司（MSNBC）取消了该节目的同步播出，广告客户纷纷退出，哥伦比亚广播公司宣布将永久取消该早间广播节目。如果哥伦比亚广播公司没有在这一言论发表后迅速采取行动，它将会面临失去听众的风险，损失其他节目数百万美元的广告收入。在我们身处的环境中，社交媒体可以在几秒钟内将评论、图片和叙述公开并迅速传播，领导者的决断力比以往任何时候都更重要。在他们的主要明星主持人之一查理·罗斯（Charlie Rose）被指控对团队中的女性有不当行为时，哥伦比亚广播公司的领导层也迅速果断地采取了行动。

他是一个大型早间节目的主播之一，也是公共电视台的台柱子，因此让他离开这个岗位是一个艰难且会产生商业方面的影响的决定。罗斯是广播和娱乐界的领军人物，拥有数千万女性观众。哥伦比亚广播公司的领导层知道，如果他们不迅速把罗斯替换掉，公司在行业中的领导地位将会受到威胁。

继美国反性骚扰运动和乔治·弗洛伊德被杀之后，我们处于从低容忍到零容忍的环境中，领导者对此感到担忧。如果一位领导者未能妥善处理女性或有色人种遭遇的不当行为或不当言论，他们很快就会被董事会解雇。他们认识到，一个企业如果对女性、彩虹族群（LGBTQ）的成员，或者有色人种做出不恰当的行为或言论，企业就无法繁荣发展甚至无法前进。那会损害企业的声誉，导致优秀人才大量流失，更不用说代价高昂的法律纠纷了。决断力不仅是应对危机的关键工具，也是避免和减轻危机影响的有效工具。

我们已经讨论了决断力是避免危机发生或者限制危机影响的工具，现在我们再将决断力作为变革的工具展开讨论。第二次世界大战期间的英国首相温斯顿·丘吉尔（Winston Churchill）在20世纪

40 年代中期说过一句话："永远不要浪费一次好的危机。"危机为引领变革提供了最佳场景。混乱孕育机遇，在危机中事情变得混乱，人们往往会分心、恐惧和困惑。正是在这段时间里，你才能做出危机前就需要做的变革，但你必须果断。

领导力宝石：

优秀的领导者在混乱和危机中寻找机会。

特别是当决定涉及一个彻底或巨大的变革时，这一点更加正确——因为你等不起。

沃特知道他公司的后台流程烦琐、过时，而且耗费很多人力。许多员工已在公司工作了二十多年，非常资深，薪酬很高，在公司的成本结构中占比巨大。由于公司是镇上最大的雇主，如果该公司削减员工人数，将会产生一系列的后果。但公司持续受到来自股东的压力，并且压力越来越大，要求公司提高利润率。事实上，维权股东一直在要求公司重组管理团队，甚至更换一些董事会成员。

到 2008 年底，国家明显陷入经济衰退，许多行业将遭受影响。很显然，公司不得不裁员。沃特一直在研究各种可以用于公司后台的技术。这项技术可以极大地改善吞吐量周期，减少所需的人员数量，可以在不到 24 个月的时间内，将利润率提高 200 个基点！此外，随着运营的改善和劳动力的减少，这项技术将在不到 3 年的时间内收回成本，并推动长期的利润增长。在经济衰退之前，沃特没有实施这项技术，因为他和公司的其他领导人一直在努力应对公司内部和外部的沟通挑战。

作为镇上最大的雇主，也是全州最大的雇主之一，沃特必须考虑这种改善会对员工、员工的家庭和当地经济产生什么样的影响。他知道许多员工需要为新经济“提升技能”，而他和公司都有如何在更大范围内做到这一点的想法。出于自身利益考虑，他们愿意为此进行投资，培养公司未来所需的劳动力。对沃特和公司董事来说，想要把这种对话引入商业生态系统都很困难，更不要说将他们认为需要做的事情付诸执行了。这时经济衰退来了。

全州的很多公司被迫裁员，重组甚至关闭公司。沃特和他的董事会果断地引进了新技术，对工人进行了再培训，即使他们也裁员了。他们利用经济衰退做掩护，利用大规模裁员和重组的环境，进行了必要的变革，以在经济衰退（危机）结束后崛起，提升利润率，更加有效率地参与竞争。衰退结束后，该公司处于收购其他公司的有利地位，加速增长，雇用工人并推进他们储备技术更熟练的劳动力的计划。

让一件事成为一件事

几年前，我有幸与一家全球250强公司的排名前600的领导者交谈过。在活动前的准备电话中，组织者说:“我们希望在您参加活动和发言之前，让您对即将要面对的情形有所了解。在过去的几年里，我们公司经历了一段非常艰难的时期。我们连续七个季度的盈利让华尔街失望，我们的股价跌至过去五年来的最低点，我们已经进行了几次改组和裁员。我们大多数的员工眼睁睁地看着他们多年的同事和朋友在这种变化中被解雇。公司气氛相当低落、紧张。我们还想让您了解一下节目的情况。我们邀请了一位著名的司仪作为会议的开场嘉宾，在他之后是我们首席执行官发言，接着我们安排了您的主题演讲。”

我感谢他们为我提供背景介绍，并问道：“首席执行官是否会在他的发言中提到您刚才说的那些事情？”“不！不，”他们很快回答，“他一点儿都不想提这些事情！”

我立刻对自己说，这是错过了一个多好的展现领导力的机会啊！在这样的场合，首席执行官可以举重若轻地说：“我对这项战略感到激动，相信它将使我们重新回到领先地位，成为行业领袖。但是，在我开始发言之前，让我先谈一谈我们一直试图忽视但又明确存在的问题。我们都经历了一段艰难时期。我知道你们很伤心，想念已经不在这里的朋友，你们厌倦了所有的变化，你的储蓄因为我们股票下跌而受影响，你们担心我们是否能够安然度过这场竞争风暴。我懂你的感受，因为我也曾有过这样的感受。我相信我们可以夺回我们作为行业领袖的地位，我相信这个战略将让我们做到这一点。但有一件事我很肯定，那就是我一个人做不到。我需要今天在座的每一个人来帮助我，你们是这个行业里最优秀的人才，这就是为什么你们坐在现在的位子上，如果我们要打赢这场战争，我需要你们每一个人上战场和我并肩战斗。你们和我一起吗？和我一起吗？和我一起吗？！”

说出这样的话有什么难的？仅仅在我们通电话的过程中，我就突然想到了这样的发言！如果我处在他的位置，这很容易想到，也很容易表达出来，因为这是真情流露。没有领导者可以独自执行战略。

优秀的领导者明白，你必须愿意说出好的、坏的甚至丑陋的。

我们在第六章中谈到，我最喜欢的一句话是“你必须让一件事成为一件事”，尤其当一件事显而易见不好的时候。你的团队已经知道事情出了问题。当公司在激烈的市场竞争中遇到问题时，他们是知道的，他们会从有线电视新闻上听到！当市场份额因为竞争而减少、当优秀人才离开公司，他们都知道，而且他们也知道原因是什么。

作为领导者，当你忽视问题、不将问题暴露出来，就会产生不基于事实的看法。在缺乏真相和信息的情况下，人们会自己编造故事。当他们没有从你那儿收到消息，你的团队会猜测你对正在发生的事情一无所知，或者你不在乎，或者更糟——你对他们有所隐瞒。所有这些“非信息”都会产生无用的闲言碎语，最终导致低效的工作或更大的去留问题。

作为领导者，与你的团队成员有话直说可以带来很大影响力。无论话题是竞争挑战、优秀人才的流失、多样性问题还是竞争动态的变化，这是在告诉员工，你了解他们的恐惧和困难，你正在积极地尝试为他们做些什么。即使目前的解决方案只是组建一个团队来讨论问题或引入专家帮助解决问题，这也是在有所行动。这让员工有理由支持你和公司渡过难关。

展示脆弱一面

塞西莉不得不裁掉 200 名员工，占到了总人数的 20%。这是两年来的第三次裁员，如果情况再得不到改善，那么下一年度会有更多的裁员。她想在现场面对面宣布这个消息，于是将员工召集到一起开会。塞西莉讲话时，声音嘶哑了。她显然很情绪化、带着同理心，承认受影响的员工和他们的家庭将面临困难。她承诺，如果商业环境有任何改善，她将尽可能多地重新雇用他们。

领导力宝石：

有勇气表现出真正的脆弱和同理心的领导者会激发团队的忠诚和支持。

会议结束后的下午，她的邮箱里满是来自公司各部门员工的邮件——高管、现场工作人员、现场销售人员——都是在表达他们欣赏、感激她所做的发言、她的真情流露以及她在公司和经济困难时期的领导力。许多人表示，他们不仅不生气、不会责怪她，而且觉得她在公司运营上做得非常好，带领公司在困难中跋涉前进。

我在华尔街工作三十多年，经历了八次非常艰难的熊市和衰退，我多次见到一些领导者公开承认自己的错误，在困难时期表现出同理心，激励人们保持信心，继续追随他们的领导，这些领导者扭转了员工和市场的怀疑。脆弱是我们作为人类共有的东西，不管我们是否愿意承认。当你有勇气展露你的脆弱时，它会建立起人们和你的联结。允许自己脆弱并不会让你不那么“超级英雄”。事实上，它让人们有机会与你人性化的一面产生共鸣，这通常意味着他们更加尊敬你的超级英雄气概、你的领导力和你个人。

脆弱的一个重要部分是表现出同理心。当你在危机中领导时，同理心是很有价值的工具。它向你的团队传达的信息是，你正在和他们一起经历危机，共度艰难时刻，一起迎接挑战。我所认识的最有影响力和效率的领导者之一，美国运通（American Express）的前董事长和首席执行官肯·切诺尔特（Ken Chenault），在一次炉边谈话中对我说："领导者的工作就是定义现实，并给予希望。"这句话我将永远铭记。作为领导者，应当保持透明度、有决断力，因此能够定义现实，给出可能的看法、给予希望，而为你的团队打开希望之门的钥匙就是同理心。

09
第九章 发现自己的领导盲点

第九颗领导力珍珠

每个人都有盲点。找到你的盲点，优先消除它。

即使是最好的领导者也有盲点。盲点是指那些离你很近，但正好是你看不见的情况或领域。领导盲点是指大多数领导者没有意识到的变化或弱点，但往往会挑战领导者全面执行或超越的能力。在某些情况下，它可能会导致一个领导人的垮台。

有四种常见的领导盲点：不能善用人才，不能迅速完成人事变动，不能储备好人才梯队，不能创新。

不能善用人才

最常见的领导盲点之一是不能充分发挥团队中人才的优势。尽管很多领导者非常善于发现和雇用有才华的人，但许多人在人才进入公司后不能充分利用这些人才。我曾无数次目睹才华横溢的职场人在工作岗位上无所事事或者辞职，他们感到沮丧，因为公司、他们的主管或者经理很少要求他们贡献自己的技能、经验或想法，他们本可以发挥的作用远远超出其应聘时职位描述要求的限度。

我认识很多有才华的人，特别是有色人种，他们离开公司是因为自己的才华得不到充分施展。很多时候，他们觉得自己可以为所从事的岗位、为公司、为老板贡献更多的才智、精力、经验和资源，但是公司从来没有要求过，或者未能发现、认可他们可以贡献的其他技能和价值，即使员工已经主动提供了。在许多情况下，这些职场人甚至加倍努力、主动贡献价值，但当他们的贡献没有获得回报，或者更糟糕的是甚至没有得到认可，他们就会停止贡献，最终感到失去动力，幻想破灭。

在加入一家领先的消费品零售公司之前，吉莉安在美国国会工作了几年。她在公司的财务部任职，在帮助公司降低融资成本方面表现卓越，与公司的投资银行建立了良好的关系，并在培养团队方面有良好的口碑。公司发现自己面临一个艰难境地，华盛顿一项立法草案可能会影响公司最赚钱的产品之一。如果法案通过，则会要求改变产品中一个关键成分的采购和使用，从而对该产品的利润率产生负面影响，最终影响公司的盈利能力。

吉莉安与国会仍保持着良好的关系，她主动提出与可能影响法案结果的委员会和附属委员会的主要委员联系。她的顶头上司告诉她，这超出了她的工作范围，她应该“让负责政府事务的人来处理。”当那些高管未能在与国会的沟通中取得进展时，他们聘用了收费高昂的公关公司帮助进行游说。即使是这些公关公司也难以接触到国会的关键成员，即使有接触到的，也没能成功说服这些人站在公司这一边。最终，这项有悖于公司最大利益的法案表决通过，而关键的赞成票来自吉莉安在国会工作时关系很近的成员。吉莉安有种很强烈的感觉，她本可以说服她的前同事更多地考虑公司的立场，并有可能改变投票的结果。

格雷格是一名很有才华的律师，他在银行的诉讼部门工作。格雷格在进入银行之前，曾经在国内一家顶级律师事务所工作了十八年，因此他有很多公司的人脉。银行家对客户关系的占有欲很强，即使有人侵犯了他们的客户关系，或者暗示他们的客户关系比银行家的客户关系更有影响力，银行家也不会有建设性的反应。

银行的一位银行家打电话给格雷格，该银行的客户关系管理工具显示，格雷格和一家公司的首席执行官有联系，据传该公司正在收购它的一家竞争对手。这位银行家想和这家公司的首席执行官谈谈，看看他们是否愿意聘请银行代表公司进行收购。

格雷格承认他和这位首席执行官很熟。银行家让格雷格给首席执行官打个电话，看能不能说服首席执行官和银行家进行一次初步的电话沟通。格雷格给首席执行官打了电话，对这位银行家及其团队、银行本身进行了赞美并传达了他认为他们如何能够在潜在交易中为首席执行官和他们公司提供真正有价值的服务。首席执行官同意和银行家做一次初步电话沟通，初步电话沟通之后，又向董事会进行了介绍，后来聘用了该银行的这位银行家的团队，这笔业务最终让银行获利巨大。

当这位银行家向该公司首席执行官、其他高级银行家和银行做事后分析时，他集中分析了交易的复杂性、银行在赢得业务的竞争过程中所提供的竞争优势，以及业务带来的总体成果。压根儿没有提到是格雷格的关系使得银行有机会去竞争获取这笔业务。格雷格从未因他为这笔业务创造的机会得到奖励，他为这笔业务所贡献的价值（个人关系）也未获承认。此后，格雷格无意为银行的未来贡献他的人脉，而是只做好他分内的工作——贡献他的法律头脑和诉讼才能。

在今天的人才争夺战中，因为员工对自己不能施展才华、薪酬与贡献不匹配或者组织不认可他们贡献的其他价值感到沮丧，而失去有才华的员工，对组织来说代价高昂。招聘新人所需的时间和资源付出都非常大。同时，这对参与竞争也是个风险。随着公司需求的变化，公司会花费大量的时间和财力来寻找能够满足新需求的人才，而实际上，通常有优秀的内部未开发的人力已经准备好且能够接手更多、更新的职责。在大多数情况下，重新安排岗位的人才乐于接受多样化的任务，从长远来看，这样的举动有助于提高员工留用率。

让我们从个人的角度来看这个问题。作为领导者，如果你不认可或利用团队成员能够发挥的所有才能，你就是在浪费时间，你就会失去可以让你和团队更加成功的创新想法，你会付出经济上的代价，因为你要利用预算聘请外部资源来帮助你寻找人才和技术，而这样的人才和技术实际上已经存在于你的内部团队之中。任何时候你要聘用新员工，都需要花费时间、金钱、人力资本和资源，而它们本可被配置于其他事项，这些事项的回报要比新员工能够产生的回报更高，因为新人入职、培训、融入组织需要时间。

领导力宝石：

优秀的领导者知道如何发挥团队成员的各种技能，并奖励他们。

前面我们一直在讨论在人才使用上的失败，现在让我们来谈谈

一个衍生的想法——对那些已经发挥独特价值的人才，没有进行奖励。2020 年，在乔治·弗洛伊德被杀、美国承认长期存在的种族不平等之后，美国爆发了社会动荡，许多公司仓促应对，或者坦率说，挣扎着应对。公司、银行、私募股权和风险投资公司、医院、大学和其他组织的高层领导第一次主动联系他们的中层和最资深的有色人种员工，帮助他们各自的组织组建新的员工资源小组，协调有关种族问题的会议、主持高管之间的对话、为组织的其他相关活动提供帮助。虽然很多有色人种领导者很乐意为一些举措的实施提供帮助，但许多人感到某种限度的失望，因为在公司需要这些帮助的时候，他们独特的贡献并没有被认为具有独特的价值。

一位高管是这么和我说的："首席执行官让我帮忙组建一个员工资源小组，我主持了六场倾听会，策划了有史以来第一次全球级别的包容性会议，与那些对街头所发生的事情和公司对当前环境的反应感到困惑的年轻员工谈话，这些都是我在日常工作之外所做的事。有趣的是，坐在我旁边的、和我不是同一肤色的同事则并没有被要求承担任何额外的工作。然而，最终我们在为同样的奖金而竞争，为实现同样的销售业绩而努力，为同样的晋升机会而工作。他不必承担这些额外的工作，而我却没有看到有任何迹象表明公司会为这些新职责向我支付额外报酬。因为他们从来没有面对过这样的外部环境，公司会知道如何衡量我的贡献吗？他们应该做何种限度的衡量？如果我是唯一一个可以执行这些'请求'的人，这难道不应该以某种方式得到认可吗？我不介意帮忙，但要到这种程度吗？我的工作报告与年初时我和首席执行官一致约定的目标相比有了多么大的变化？"

2020 年底，我联系了这位高管，想知道他是否觉得因为自己在这个前所未有、非同寻常的环境中做出了贡献而获得了独特的奖励。他说，虽然他的贡献得到了口头认可，但他的薪酬和往常一样，只和他的销售目标直接相关。他在帮助公司度过那一年前所未有的难关时所付出的额外努力，并没有得到任何特殊的回报或奖励。

作为当今环境下的领导者，为了避免这种落差，你必须创造性地去思考员工为组织带来的、超出其职位描述内容的价值。如果你要求任何团队成员为公司或组织做出其他贡献（人脉、影响力、活动出席、咨询等），你必须公平地设定这些贡献的价值。这将使你成为一个公平、包容的领导者，优秀的人才会愿意与你共事、为你工作。它还会使你更容易发现人才，更重要的是，激励人们将他们真正的自己带进来，主动寻求更有创造性的方式为你的组织增加价值。

领导力宝石：

当人们能把真正的自己融入一个环境中时，总会有出色的表现，而这种出色的表现将使作为领导者的你受益。

每个职场人都需要具备三种资本：才智、经验和人脉。优秀的领导者会创造一种环境，让他们可以利用团队的这些资本。但是作为领导者，如果你不充分融入团队，赢得他们的尊重和信任，你就不可能利用到这些资本。任何领导者只要对自己的员工进行这种投入，就会获得巨大的投资回报。

如何避开这个盲点呢？首先，当你和你的团队建立关系时，应该及时了解每位团队成员的职业兴趣，让自己了解他们为什么加入公司，为什么他们对自己今天所在的岗位感兴趣，他们希望自己的职业生涯如何发展，他们最终渴望在公司内做到什么职位。在你分配不同的工作任务时，你要时不时问问什么任务令他们感到最有挑战性，他们想要什么样的挑战，他们想要做哪些改进。我也建议你熟悉一下他们的个人简历，会让你更好地了解他们进公司之前的经历。通常当在某领域专业的人被聘用从事的新岗位，职能与他们以前的岗位不同或者发挥不出他们之前的经验时，请记住：他们在你的公司中可能发挥另一有价值的作用。

其次，当在你的部门或团队中识别到一个新需求时，你应该首先考虑目前在你团队中的成员，尤其是那些表现出色的人。他们可能具备在新岗位上学习和工作的技巧和能力。更重要的是，在某个岗位上表现出色的员工通常接近边际效用递减点，这意味着他们在该岗位上的表现已达到了最高水平，无法做得更多更好了。新的挑战会让他们有机会为自己的工具箱增加新技能，继续保持敏锐。

弗雷德在一家《财富》500 强公司做了 10 年的人力资源薪酬专家。这家公司是矩阵式组织结构，有成千上万的岗位和规范，使得确定职位名称 / 职责和制定薪酬水平变得尤为复杂。弗雷德已经赢得了将这项工作做得特别出色的口碑。当他跳槽去另一家公司时，被聘用为人力资源政策专家，他的新职责不需要用到他以前工作中积累的专业经验。就在弗雷德刚刚开始新的工作时，公司经历了一些危机，需要有人来制定新的政策和流程，并重新起草公司的行为准则。他的新上司特别看好弗雷德完成这项工作的能力，弗雷德表现出色。

在接下来的几年里，公司决定要有一位人力资源高级副总裁来主管薪酬，并参与一项大型股权研究。公司希望确保从事同样工作的男性和女性同工同酬。公司聘请的经验丰富的高管招聘者提供了一份名单，列出行业内能够胜任这一岗位的候选专家名单。当弗雷德联系他的现任经理并表示对这个岗位有兴趣时，被告知他们需要一个“在员工薪酬方面有丰富经验，了解复杂组织的技术微细差别”的人。在过去的两年里，尽管弗雷德已经精通了他在新岗位的工作，但这位领导没能看到弗雷德就是那个能够处理高级副总裁这一复杂工作的人。弗雷德的经理没有了解他之前的工作经历，未能认识到他在这个领域的经验以及他在行业内的声誉。事实是，弗雷德非常适合这个职位，但由于他是在一个完全不同的岗位上被聘用的，这位经理没有真正了解弗雷德，不了解他以前的背景和经历。弗雷德没有获得被公平考虑的机会。公司最终从外部招聘了一个工作表现不佳的人，他们甚至还招聘了第二个候选人，这位候选人的表现被视为“还不错”，但这人在业内并没有弗雷德曾经享有的声誉。弗雷德最终离开了这家公司。

领导力宝石：

在从外部寻找专业人才之前，一定要先看看你的团队中是否已经有了这样的人才。

不能迅速完成人事变动

我经常看到领导者犯的另一个错误是没有及时进行人事变动。领导者常常会让一些人在某些职位上待太长时间，或者在他们明显不再能满足职位要求或公司当前需求时，没有进行调岗。有时，这是因为领导者在情感方面的妥协，他们视某些人为心腹，这些人可能从他们创立公司以来就一直与他们在一起，或者在更大的公司里，他们将这些人视为知己或与之共事多年。他们没有选择难度更大的方法，而是认为通过“严肃的谈话”，这些人会接受指导，改变行为，开始发挥应有的作用。而事实是，即使是多年来忠心耿耿的员工，也可能无法达到现在所要求的水平，不再有动力产生超预期的结果，或者个人没有提升，无法满足公司不断变化的需求。

领导力宝石：

忠诚很重要，但它不应取代对团队、对企业来说最好的东西。优秀的领导者有时不得不做出艰难的抉择。

在回顾我自己的领导历程时，我发现自己作为一名领导者也有这样的盲点。在我当经理时，有几次我在更换项目人员时行动迟缓，即使很明显我应该这么做。坦白说，我对自己的犹豫感到惊讶，因为我在其他业务上一般是非常果断的。当我反思这个领导盲点，反思是什么导致我的行为背离了我作为一个商业人士的正常运作模式时，我得出的结论是：这是我的文化教育导致的。

作为一个在南方长大的黑人女孩，我的父母经常告诉我，我不会像其他和我长得不一样的人那样有那么多机会，事实上，我只有一次机会“把事情做好，不会再有第二次机会”。因此，我非常小心地保证自己在学业、课外活动、体育、艺术等方面所做的每一件事上都表现出色，这样我就可以“留在游戏中”，继续与他人竞争。抱着只有一次机会的想法，我给自己施加了巨大的压力。此外，这个想法很有可能降低了我承担过高风险的偏好和意愿。我也相信，我下意识地觉得这是不公平的，我应该像其他人一样，有不止一次的机会。因此，当我发现自己处于有权力的领导地位，我的团队中有人犯了错误或表现不佳，而我有权力再给他们一次机会时，我会倾向于这么做。实际上我就是这么做的，一次又一次。

把一个表现不佳的人留在职位上太久的结果是，你限制了团队中其他人的表现机会。其他的团队成员可能会憎恶表现不佳的人没有做好分内事，或者又获得一次表现的机会。这样的憎恶无疑会开始影响其他团队成员的表现。不得不和一个效率不高甚至有时候是在帮倒忙的人一起工作，需要付出额外的努力，而这些努力本可以产生更高效率或创新。底线是每个人都能看到这个人没有为团队的活动尽到力，而是在消耗每个人的精力、阻碍进展，这最终将导致团队失去生产、发展和进步的能力。同样重要的是，这会影响你作为领导者的形象。

作为领导者，认识到这一点对我来说很不容易，有几次我犯了同样的错误，给了别人太多机会，后来我才承认这是我需要纠正的领导力上的失误。当然，一旦我承认这是个问题，我就会迅速行动起来解决它。我决定改变团队成员的任务安排，撤掉那个引起不和、表现不佳的人。结果是团队立刻士气大增，有了更多活力，整体工作效率也提高了。

根据我自己在这个领导盲点方面的经验，我推荐一个领导力方面的最佳做法：花点时间与你专业领域之外的另一位领导重新审视你与团队成员之间的关系，你应该对你的团队成员的优点和不足做一个口头评价，让这个人询问你对每个成员的评价，对你的每个评价提出质疑，特别要针对你认为的他们具备的积极品质；在这场对话中，如果对方问的是正确的问题，那当你在为他们找借口、合理化他们的行为、也许对他们的职业生涯过度投入时，就很容易听出来。

领导力宝石：

作为领导者，要养成和你专业领域外的领导一起评估团队成员表现的习惯，以保证你对他们的表现及他们对团队的影响没有任何盲点。

另一个最佳做法是让董事会薪酬和人才委员会的成员与你一起完成这个过程。无论你选择哪种方法，重要的是有一个适当的机制确保你不会对与你一起工作了一段时间的员工产生盲点，或者不会因为你偏心地给了他们太多机会来纠正他们的表现或行为，从而损害到其他团队成员的积极性。我们很容易受到自己的经历和文化偏好的影响，即使是作为领导，我们都知道，偏好在工作环境中会阻碍工作效率和执行力的发挥。

在第一章中，我提到了梅格·惠特曼的精彩演讲。她说了很多有智慧的话，其中有一句是“作为首席执行官，我最重要的工作之一是确保让对的人在对的时间坐在对的位置上”。她认为，虽然迈克或拉杰可能是创造这个机会的正确人选，甚至是把这个想法变成现实和运营的合适人选，但他们都不是发展这个机会的合适人选。领导者的工作不仅是认识到这一事实，而且也及时地这样做，才不会损害项目推向市场的时间，不会损害公司的竞争地位。

蒂姆和艾德成立了一家科技公司，有望成为行业内下一个独角兽。蒂姆是销售主管，艾德是首席产品工程师。公司的产品是一个人工智能平台，可以根据终端用户的需求定制产品的销售文案。市场上没有其他产品有这项功能，它在技术、金融服务和包装消费品行业有应用案例。该公司已经成功募集了几轮融资，但正处于增长的关键节点。下一轮融资的潜在投资者想看看公司能否向大型企业客户销售产品。从成立之初，该公司就通过向中小型企业销售产品取得了巨大成功，而这些中小型企业大部分是蒂姆在以前的公司工作时积累的关系。但为了取得进展，团队必须向投资者证明他们可以打入更大的企业，这是为该公司提供爆炸性增长机会的细分市场。

在汇集了一份庞大的目标客户名单、花了几个月的时间尝试与这些目标客户的主要决策人联系后，公司未能获得洽谈业务的机会，或者未能在与他们成功会面后达成交易，艾德知道蒂姆不是能带领公司进入下一个发展阶段的人。由于是他们俩一起创立的公司，艾德觉得自己不能和蒂姆说他需要考虑在公司里换一个岗位，或者更糟糕的说法是，他们应该雇用其他人来取代蒂姆成为首席营收官，推动公司向前发展。艾德试着和蒂姆召开战略会议，他们尝试了不同的策略，甚至聘请了销售顾问，但是蒂姆仍然不能达成一项交易。一个季度接着一个季度过去了，他们不仅没有带来新客户，蒂姆甚至无法让现有客户续签业务。艾德聘请了顾问，试图通过他们委婉地告诉蒂姆，他可能不是带领公司更上一层楼的合适人选。但是蒂姆找了一个又一个借口解释为什么他没能达成交易。

几个季度之后，公司陷入困境。它发不出工资，也没有钱投资产品的开发升级。该公司被出售，售价仅相当于上一轮融资价值的一小部分。

如果你是一家初创公司的联合首席执行官，并与其中一位创始人共同经营这家公司，那么有一个外部顾问委员会就尤为重要，或者比外部顾问委员会更好的是，有一个由冷静的投资者组成的董事会，他们虽然关心公司的成功与否，但在情感上与任何一位创始人都没有太多联结。在什么是对公司最好的这一点上，他们一定会做出客观、冷静的决定。当产品或公司是你自己创造的时候，你确实很难脱离领导者的身份。我克服这种领导盲点的方法之一，就是将注意力放在我为公司创造的产品有它自己真正的未来这个事实上。实际上，我知道继续吸引聪明、年轻、有创业精神的员工到公司工作，是公司成长战略的一部分。我改变了对成功的定义，从原来的在任何一年让我的记分牌上有高分以使得我能拿到更高奖金，转变为让这个产品永久增长，成为公司的另一个收入来源和卖点。在接受这一定义后，我很清楚我的最好和最大作用是将真正的领导者安排到合适的领导岗位，他们可以努力带领团队前进，在十年后达到他们所能达到的最好水平，而我知道到那时我将不再在公司工作。我没有把注意力放在我需要放弃的东西上，而是放在建立比我的任期要长久的东西上。

如果不进行人事变动，很快就会对作为领导者的你有不利影响的另一种情况是：当你登上领导宝座，从前任那里接管了整个团队。我曾在书的前面提到这一点，但让我们在这里更详细地讨论一下。我在纽约市生活了几十年，有机会见证了纽约市的市长竞选、州的选举和其他特别选举，并仔细研究了当领导层发生变化，特别是市长和州长层面发生变化时，会发生什么。我注意到的一个现象是，新市长上任后，会把负责大型机构或主要市政服务的现任副市长全部撤换，并任命新的副市长。即使现任副市长工作出色，也难逃被撤换的命运。我在联邦层面也看到了这一点，当时巴拉克·奥巴马总统在他的第二个任期内任命我管理全国妇女商业委员会（National Women's Business Council）。在任期快结束时，许多其他总统任命的官员开始让出职位，因为他们知道下一任总统会任命自己的人。在唐纳德·特朗普担任总统期间，我一直留任以完成我们已经开始的一些活动。但果不其然，在第一年，新总统任命了他自己的人来负责委员会，主要是因为我是前任总统任命的。尽管委员会在过去几年里取得了许多重大成就，我还是被替换掉了。

在一遍又一遍地观察到这种现象并亲身经历之后，我清楚地意识到，“当你是街区里新来的女孩或男孩时，你必须让自己周围都是自己的人”。这样做可以为你提供一条最佳的生存之路，并有望作为一名新领导兴旺发达。如果你周围都是上一任领导的人，那么你就不能确定这个团队会支持你所有的努力，给你提供有效领导所需要的全部信息，或者坦白说，为你付出他们的最大努力、做出最大贡献。原因是人们认为旧的团队忠于旧的领导，而不是忠于你，你未来选择的人将忠于你，在你作为新领导时在你背后“挺你”。否则，如果你总是需要回头看，你前进的步伐就会受到限制。

领导力宝石：

当你接管一个新团队时，往往有必要做“内部清理”，让忠于你、支持你的人加入。

实际上在公司环境或慈善组织中，你不可能登上领导岗位就解雇所有人。事实上，这么做会损害你的领导力，因为你接管的团队中的一些成员可能比你更了解产品和流程，你被任命可能是为了激励、组织或制定战略，而不是因为你的专业所长，你需要团队中有掌握“专有知识”的人。作为一名新领导，你的策略应该是快速评估哪些团队成员对上一任领导极其忠诚，不愿意向新领导学习，也不愿意去了解新领导。他们不倾向于以你需要的方式给予你支持和毫无保留的贡献。你还应该去了解那些可能和你竞争过领导岗位，但是因为高层领导或董事会选择了你而失去机会的团队成员。你需要快速了解这个人是否会在你的领导下积极高效地工作，如果存在他们不这样做的可能性，那你必须迅速采取行动，将他们调去公司另外的岗位，或者帮助他们在公司之外找到岗位。原因是这个人会对你的领导地位构成持续的威胁，无论是真实的还是想象之中的，不管属于哪种情况，它都会分散你的注意力，让你无法集中注意力有效领导。

泰勒是一个大城市中最著名的非营利组织之一的新任首席执行官。该慈善机构的设立旨在为大量得不到服务的人口所在社区提供辅助医疗和经济服务。前任首席执行官查理为该机构树立了领先的品牌形象，增加了享受服务的人口数量，使该机构有了坚实的财务基础，并且将其建设成为拥有忠诚员工的机构。在其五年战略计划中，董事会决定，该机构是时候将重点放在经济适用房和社区中心上了，这些社区中心将提供辅助服务、职业培训、计算机和金融知识普及、课后托管和教育以及税务筹划。董事会意识到，该机构现在需要一名了解房地产税收抵免政策的领导者兼员工，并能与州和市的领导人建立牢固的关系，这可能会带来有创造意义的房地产方面的机会。

在聘用泰勒时，董事长理查德告诉他，尽管查理即将从机构的领导岗位上退休，但董事会决定在同一栋大楼里给查理一间办公室，为期一年，让他从事其他工作，这也可以让两人的交接更为顺畅。

起初，泰勒对这个想法没有意见，但在最初的六十天里，查理在大楼里办公显然对泰勒在组织中的领导起到了破坏作用。查理会要求旁听员工会议，虽然是在会议室的后排，但仍然是在会议室中。员工经常会就泰勒向他们提出的要求征求查理的意见。查理经常在大厅里走动，或者坐在某人的办公室里闲聊。虽然表面上一切都似乎很顺利，但不久之后，团队成员开始向查理寻求意见和建议，而不是向泰勒。

在泰勒领导的头六十天里，他取得了相当大的成就。他利用自己与关键的房地产开发商的关系，以有利的价格为该机构找到了有吸引力的房地产；他还利用自己在政治方面的人脉，让市和州做出了巨大让步，董事会对泰勒能够在这么短的时间内完成这么多工作印象深刻。他们的结论是，他绝对有能力执行董事会的战略愿景。

泰勒知道，为了让团队团结一致执行他的行动计划，他需要让查理在董事会承诺的时间点之前搬出大楼。泰勒去见董事长说："我相信，经过第一个季度，我领导公司的方式已经证明，我能够如我们在面试中讨论的那样执行工作。但是，我相信我的工作还能做得比我们讨论过得更好，特别是如果我能得到背后团队全力支持的话。我知道董事会在总部给了查理一间办公室，让他用几个月。但我相信，如果他与团队和我不在同一个屋檐下，我的工作会更有成效。

因为这是他需要的空间，我已经擅自做主为查理找了一个非常好的办公室，在同一条街上，和我们只相隔三栋楼。如果他搬到新办公室，那对我们按照时间表执行工作最为有利。”虽然董事长不愿意让查理搬走，毕竟他们一起共事多年，但也不想冒险令泰勒继续执行计划的能力受损。最终，董事长让查理搬去了新办公室。

如果泰勒没有即时采取行动，他可能不得不承受无法与团队建立关系、他的愿景无法实现的风险，如果那样，最终他会让董事会失望，或者达不到他们的期望。如果你是一位新上任的领导，你的前任是一名实力很强的领导者，你必须快速融入团队，争取他们对你的愿景的支持，征求他们的意见以进一步调整和完善你的计划。当每个人的指纹都印在新领导的愿景蓝图上时，每个人也就平等地投入计划的成功或失败中去了，“你的”愿景变成了“我们的”愿景，你成功的概率也就大大增加了。

不能储备好人才梯队

许多领导者在后备人才培训、让直接下属接触更多机会以便在自己离任时有现成的接班人方面做得很差。显而易见，没有人能永远做同一份工作，问题是“为什么？”我给出两个原因：首先，由于自身的不安全感，有些领导者对积极果断地培养接班人持保留态度，他们担心董事会将认为被培养的人会领导得更好，或者被培养的人会争夺领导的职位；其次，有些领导者没有对其接班人进行适当的培训，是因为董事会、股东和顾问没有把这一项列入领导者年度绩效评估的优先事项。

今天的公司最重要的卓越实践之一是，董事会至少每年一次要求首席执行官准备一份报告或陈述，列出并讨论公司里排名前 3 或前 5 及在必要时可以接替首席执行官职位的人。

每个组织，无论是营利性的或非营利性的，都应当谨慎一些，确保组织内部有人做好当领导者的准备，或者积极计划让几名候选人准备好。如果是有能力的候选人，但他们看起来还没有准备充分，首席执行官必须设定一个时间表。通过计划任务，安排工作和不同地理区域的历练来促使候选人做好准备。

作为领导者，你应该考虑至少 3 个能够接任你在组织中的岗位的人选，并有意识地将他们作为你的接班人培养。在今天的环境中，大部分大公司都在全球范围内运营，让你的接班人在全球范围内有露脸机会是非常重要的，无论是在另一个国家负责一项业务或一个部门的运营，管理跨国团队或者在全球开发客户。如果接班人只有本国的经验，他们很可能在管理和领导具有不同背景和技能的其他员工时遭遇阻碍。最好的做法是确保接班人拥有财务、运营、销售、管理和领导经验。理想情况是，你要让接班人接触到作为公司收入引擎的主要业务。

我建议你至少培养 3 名接班人的原因是，在今天激烈竞争的环境中，人才大战必不可少，尤其是女性和多样性人才，你和你的公司持续处在被其他公司或组织挖墙脚的威胁之下，他们可能会挖走你最优秀的人才。你最不能做的事情就是过度培养一名接班人而将其他人排除在外，而那个接班人可能接受了另一个工作机会，让你大吃一惊。

莎拉和吉姆是一家全球科技公司的最优秀的两名领导者。莎拉负责国内业务，该业务占到公司总收入和盈利的 40%。吉姆则负责亚太地区业务，该业务占公司总收入和盈利的 60%。公司的首席执行官哈尔，在被问到接班人的问题时，他总是很快回答，如果他发生什么状况，莎拉会是首席执行官的人选。然而，莎拉在公司工作了 18 年，从未在美国之外的地区经营管理过任何主要业务，而吉姆则在美国和亚太地区担任过重要角色。对一名客观的局外人来说，如果他看到莎拉和吉姆两人的简历和工作经历，他会认为吉姆更明显是哈尔的接班人，因为吉姆有超过 20 年的经验，在公司有国内和海外的工作经历，而且在公司中是一名受人尊敬的领导者。然而，哈尔知道吉姆需要一些处理公司敏感问题的特殊技能，但哈尔似乎从来没有给吉姆创造机会，安排任务培养他的这一技能，使吉姆成为与莎拉旗鼓相当的候选人。

哈尔被指控对另一名员工做出了非法的、未经双方同意的行为，根据董事会的零容忍政策，他被解除了首席执行官职务，直到问题水落石出。与此同时，莎拉告诉哈尔和董事会，她已经接受了一家竞争对手公司的工作邀请，去意已决。董事会指定吉姆担任了首席执行官，但是由于哈尔未能为吉姆提供他在特定领域所需的经历和实践，吉姆还没有完全准备好应对全球首席执行官这一严峻角色。当吉姆试图带领公司执行哈尔的计划时，公司陷入严重的困境，公司市值大幅度蒸发，一名外部人士取代吉姆成为公司首席执行官。

作为领导者，你总是需要做好接班人的储备工作，因为人才竞争环境总是存在未知。如果你有幸能参与决定接班人的话，选择能接替你的接班人也是你领导功劳的一部分。

对那些提名明显比自己能力弱的候选人来接替自己的领导者，

我经常感到惊讶。在多次看到这种情况之后，我怀疑这类领导者的动机是：（a）当他们离开后，组织会怀念他们在位的日子（情感上的，小我驱动型），或者（b）以某种方式伤害组织（情感上的），或者（c）只是判断失误。不管哪种原因，很明显这类领导人不明白，他们对继任者的选择其实是反映了他们自己将成为他们为组织立下的功劳的一部分。

当想到我钦佩的领导者时，我钦佩他们的部分原因是：他们会非常有意识地选择一个他们认为会比自己做得更好的人接任他们的职位。这说明他们关注的是什么对公司或组织是最好的。他们理解真正的领导力意味着什么，它不是只关乎他们自己，而是关乎他们所服务的人的最大利益，关乎他们渴望在领导岗位上做出卓越的成绩，并被继任者发扬光大。

如果出于某种原因，董事会认为没有任何合适的内部候选人经过培训后可以担任领导人的职位，那么董事会和现任领导人必须迅速采取行动，招聘一到两名经过培训能够接任最高职位的人。这不是要对现任领导人造成威胁，甚至不是要让他或她承担责任。相反，这是董事会对股东的职责，或者如果是一家非营利组织，则是对其资助人和成员负责，以保证该组织能够在失去领导人的情况下继续运营。

不能创新

在整本书中，我们谈到了创新在每个行业中的重要性。无论是医疗、科技、金融、零售或其他领域，不创新就会导致无法繁荣发展或生存。在我的一生中，我能想到许多曾经被视为行业标志的、具有领袖地位的公司——宝丽来（Polaroid）、百视达（Blockbuster）、柯达（Kodak）、西尔斯（Sears）——都没有采用新技术，未能觉察消费者口味的变化，未能激发消费者对新产品的兴趣，因此已经或即将倒闭。

领导者的工作是真正热衷于创新，以维持和保障公司的未来。然而，很多人没有这么做，因为他们害怕失败，担心失去领导地位，现实却是如果他们不能创新，竞争就会夺走公司的市场份额、股价就会下跌，董事会也会毫不留情地将他们从领导岗位上撤换掉。许多人认为："改变太难了，我的前任没有这么做过，那为什么我要这么做？为什么要向董事会引来这样的风险？"还有一些人没有创新，因为进行变革所需的投资能带来的预期收益在他们退休或转到另一个岗位之前不太可能实现。

无论是出于哪一种考虑，当领导者不能创新，他们就将公司置于持续增加的竞争威胁之下，而公司很有可能无法从这种竞争威胁中恢复。当意识到竞争的威胁时，通常都已经来不及部署适当的技术、财务和人力资源来有力地应对竞争者的进步了。在许多情况下，公司的优秀人才已经开始转投竞争对手或行业新贵，公司的整体士气也在下降，萎靡不振，这使得公司很难重新激励员工、实现变革。

一个明显的例子就是零售业。1994 年，亚马逊以在线书店的形式进入零售领域。首先，没有人想到一家在线书店会颠覆图书销售行业，更不用说创造出消费者对各种商品在一两天内送达的需求了。看看那些没有投资于快递、网购或兼售第三方产品的服装、香水、鞋子、五金和零售领域的其他垂直行业。看看那些认为自己的产品质量和品牌价值能够超越普通消费者的需求，并认为亲自购物的欲望将继续旺盛的奢侈品牌。2019年，预计将有9300家商店关闭，包括经营了几十年的商店，比如西尔斯、凯马特（Kmart）、A.C.摩尔工艺品（A.C. Moore）以及纽约市标志性的巴尼斯纽约精品店（Barneys in NYC），这还是在2019年新冠疫情之下的隔离措施造成客流骤然停止，导致数千家商店关门之前。这些公司中有许多未能在供应链、在线零售和配送能力方面进行创新和投资，因此随着消费者对在线购物和送货上门的需求增长，这些公司不再具有竞争力。随着商店的关闭，这些品牌逐渐消失，他们的领导层也失去了自己的职位。

另外，想想金融业，有多少领导者继续创新、蓬勃发展。30年前，股票和债券交易有巨大利润，每笔交易大约为40美分~50美分，许多交易是使用手工表格完成的，这使得后台的业务非常密集。销售和交易业务显然是金融业的一部分，随着更多技术的整合，这些业务可以得到极大的提升。随着电子表格和其他程序化交易的兴起，交易和结算过程的技术去中介化更加成熟。在接下来的20年，技术彻底改变了传统的交易，一笔交易的执行费用从40美分~50美分变成了几美分，再后来变成不到1美分。整个业务从特定的交易业务变成了交易量游戏。此外，随着行业开始整合（每个行业在某些时候都是这样），那些进行了技术投资的公司市场份额和盈利有了巨大的增长，因此处于优势地位，能够兼并和收购那些没有进行技术投资的企业。另外，当2008年金融危机发生时，那些规模较小的公司更加脆弱，很多都没能存活下来。

正如我在这本书中一直说到的，创新在所有行业中都是最重要的竞争参数。作为领导者，在今天的环境中，不能创新会给你的公司带来不利影响，同时也会对你作为领导者的成功产生负面影响。

领导力宝石：

优秀的领导者总是对现状提出问题，问自己：哪方面我们能做得不一样？哪方面我们能做得更好？

作为领导者，你必须不断地寻找这样一个问题的答案：与上一年、上个月、上一周的做法相比，我们在哪些方面还能做得不一样？我们如何改变客户体验？客户告诉我们什么对他们来说是重要的？如果我要让公司去中间化，我需要怎么做？在我们的生态系统中，我们是中间商吗？我们如何改变我们的地位，从中间商的角色变为原创者（或近似原创者的）角色，因为中间商总是会被淘汰的。如果我们做得很好，有多年创纪录的表现，什么事情的发生会改变这一状态？我们的弱点在哪里？我们业务中最脆弱的部分是什么？即使我们在行业的每一个竞争参数上都处于领先地位，我们还能如何做得不同呢？过去几年，我一直在挑战领导者，让他们以“白纸”心态来对待每一天，这意味着如果今天是我第一天开始做这家企业，在了解了我现在所处的行业、行业中可用的人才、国家不断变化的人口结构以及技术在行业中的作用之后，我会有什么不同做法？我会培养什么样的伙伴关系？我如何与竞争对手合作？如何与新兴公司合作？我怎样才能使公司的工作环境更有吸引力？

我曾经问过一位大学校长，他在大学里是否有一个“白纸委员会”。他带着一丝笑意问我：“那是什么？”我说：“如果你希望大学在未来的一百年里保持它的领导地位，那么每个学科中最优秀的人才，包括经济、哲学、历史、英语、教育、法律、商业，都应该思考我们该如何改变高等教育。如果你是今天创立了这所大学，你会如何改变大学的课程设置、与学生和教师的互动、在校学习还是在线学习？”

他对我的回应是：“我们已经有一百多年的历史了，我们成功地吸引了校友和其他机构并募集到创纪录的资金。我想说的是，我们正在做一些正确的事情，改变高等教育并不容易。”

我对他的回答感到震惊，这表示他并没有以他该有的方式专注于创新。我向他提出这一问题的原因是：我刚刚和一位在科技、媒体和娱乐行业的大咖通完电话，他试图招募我加入他正在创建的公司的顾问委员会，而这家公司将使我们今天所谓的高等教育去中间化。如果他成功了，那么五年后，这所大学很快会发现自己要以一种以前不需要的竞争方式去争夺最优秀、最聪明的学生。如今，大学的商业模式是由课堂上学生的数量乘以学费的数字驱动的，当学生数量减少时会发生什么？你可以自己算算！

想一想创新在今天的重要性，你没有理由让这一点成为领导力方面的缺陷。如果你在公司或组织之中找不到需要改变或改进之处，那么你应该明白你可能有盲点。在别人之前发现它！

10

第十章
从监管到洞察的旅程

第十颗领导力珍珠

强洞察力会让你专注和实现未来，而不是现状。

30 多年前，当我开始我的职业生涯时，领导力和管理几乎是同义词。当人们谈到管理，他们主要指的是那些担任领导职务的人。从那时起，许多书籍和文章都指出了两者之间的区别。

例如，许多商业文献将管理定义为控制或指导流程的实体，或者是为实现目标而工作的一组人。另一方面，领导力则包括影响、激励他人，使他人能够为实现一个既定目标或成功做出贡献的能力。

除此之外，大约 5 年前，由《财富》500 强和全球 1000 强公司的现任和前任黑人首席执行官及高管组成的全国性组织——执行官领导力委员会（Executive Leadership Council，ELC），委托撰写了一篇论文，题为《21 世纪全球领导力：全球黑人领袖之声》。执行官领导力委员会致力于培养黑人高管，为其拓展机会，从而对企业和社区产生积极影响。根据研究，在二十世纪六七十年代，甚至可以说直到 90 年代，领导者成功的关键因素都涉及监管。换句话说，这段时期的领导者应该设想、实施和执行一个清晰的、经过深思熟虑的、有文件记录的计划，并确保不发生偏离计划的情况。一个能够制订计划、制定预算、组建团队并“完成工作”的管理者被认为是领导者。

然而，执行官领导力委员会的调查结果（其中包括了来自多个行业的公司高管的意见）显示，当今受欢迎的领导——那些被认为有影响力和有效率的领导者，表现出了洞察力。例如，对如何将一个问题解决于无形的洞察，对产品或工艺的下一次迭代会是什么样的洞察，或者对某些情况下可能出现的挑战或障碍的洞察。在这篇论文中，任何人都没有将一步步指导如何完成项目或执行计划的人定义为优秀的领导者。一个强大的管理者，但不是一个强大的领导者。

随着时间的推移，领导者的定义明显发生了变化。从监管转向洞察。拥有和展现洞察力的一部分是知道什么时候该授权。领导力是一个从执行到授权的过程。从根本上说，这是一个放弃你曾经完成得很好的任务和工作，放弃你晋升至领导岗位的出色表现，审慎且有意识地将它们交给其他人的过程。当你腾出时间和精力，你就可以专注于业务的重要方面，包括高层战略和长期计划，比如为你的团队成员提供发展、表现、升职和成长为领导者的机会。

领导力宝石：

永远不要做别人能做的事。领导者可以从执行中抽身，这样他们就可以集中精力给他们的团队和组织授权。

领导就是给他人授权，为他们照亮道路，让他们发现自己的伟

大之处，以及让他们明白如何才能最好地为组织做出贡献，在这个过程中，获得足够的知识，反过来训练和培养其他人的领导力。

今天要成为一个强大、有感染力、有影响力的领导者，你必须花时间培养那些你认为有能力执行手头任务的人，当然更重要的是，那些你认为有领导才能的人。这也需要有对他人的洞察力。作为领导者，你必须越过他们目前所拥有的技能，能看到在进一步对他们进行培训、开发其领导力和增加其表现机会之后，他们能够贡献什么。这种层次的洞察力需要你对自己和你的情商进行培养。领导力也需要持续的个人成长。不断地认识自己，了解自己如何与他人相处、如何评价他人，这是有洞察力的领导力的关键组成部分。许多人是优秀的执行者，然而他们很难一跃成为杰出的领导者。洞察力需要超越人们对千篇一律的面试问题的反应来对他们进行评估，同时还需要有对他们进行有效训练和培养的能力。

公平地说，今天坐在领导层的很多人，例如婴儿潮一代和X世代的成员，在他们的职业生涯中经历过“要么听我的，要么走人”式的上司。他们被教导如何执行、执行、再执行，而没有接受过倾听、同理心、解读他人或者在互动中保持真我的训练。因此，他们成为领导者时，并没有培养过这种重要的洞察力。这种洞察力是当今领导者所必不可少的，在全球新冠疫情和社会动荡的环境下，年轻一代劳动者要求领导者具有洞察力，而许多领导者在领导这些年轻人时疲于挣扎。

这种有洞察力的领导方式正在成为竞争的筹码，尤其是在以人为主要资产的行业。作为一名有洞察力的领导者，你工作的一部分不仅是要预测业务的潜在发展趋势，还要了解和懂得你的员工，知道他们在可能的场景和情势下会做出什么反应和回应。在你的位置上，你可以通过教导和允许他们冒险、失败和恢复，来为那些你培养的人提供安全网。你的职责是帮助他们进一步提高判断能力和决策能力。

让我们来说一说洞察力与单纯的监管之间的不同之处是什么。当领导者只专注于监管时，主要职责只是确保人们按照其收到的指令去行事。然而，如果是一名有洞察力的领导者，不仅要关注执行层面，提供指引和方向，还要评估员工是否识别出了真正的问题、是否以创造性的方式解决问题，是否创新，是否对下一步行动做出预测。员工是在为项目创造前进的动力，还是在完成一系列的既定任务？

你的工作是帮助他们养成未雨绸缪的习惯，让他们敢于冒险，甚至推动他们超越现有技能，让他们失败，然后观察他们如何表现以及是否能恢复过来，帮助他们培养韧性。此外，你必须指导他们如何指导别人。

西蒙妮是一位杰出的执行者。在她的职业生涯中，她从第一份工作初级助理做起，直到最近晋升为执行副总裁，在她所有的工作评估中都被评为表现杰出。作为一名新上任的执行副总裁，她负责管理业务开发团队，这是公司新成立的一个团队。团队的工作是寻找书籍、短片和其他可能被她的公司收购的媒体资源，这些未来将被制作成为电视、电影和流媒体平台上的娱乐内容。

西蒙妮还负责团队成员的招聘。尽管她之前在公司的校园招聘中有面试应聘者的经验，但她没有为自己团队招聘和雇用员工的背景，也从来没有以领导者的身份被公司评估过。过去，当她面试候选人时，她会评估他们的背景和完成特定岗位职责的能力，她还会评估他们的主动性和主动做事的能力。当她开始为自己的团队招聘人员时，西蒙妮也遵循了同样的策略。

西蒙妮为她的新业务开发团队聘用了四名人才，其中两人是副总裁级别，两人是高级助理，职位要低一些。她的初衷是，副总裁会帮助训练和培养高级助理，而她可以利用副总裁的技能为自己服务。前六个月，一切都很顺利。团队有一个明确的目标清单，并且轻松完成了。然而，随着时间的推移，团队在公司中的角色发生了变化。西蒙妮和团队被要求承担更多的职能。他们要做的很多事情对西蒙妮和团队的其他成员来说都是新的，工作过程紧张而且受人瞩目。

随着她努力让自己与其他高层领导的相处更加融洽，并学会预测老板的期望以及她老板的老板的期望，西蒙妮将大部分工作交给了她的团队。她不假思索地认为他们知道如何执行。团队很快遭遇挫折。西蒙妮分配给副总裁的很多工作，他们不知道该怎么处理，当他们向西蒙妮求助时，她表现得好像对他们的无能感到恼火。可怜的高级助理同样感到困惑，因为他们只有在副总裁分配给他们项目时才能执行。工作很快积压下来，不能在最后期限之前完成。团队的氛围很快就变得不愉快，但由于团队受到广泛关注，西蒙妮在领导方面的无能对公司高层来说变得显而易见。

为什么这种事情会发生在一个整个职业生涯都在同一家公司中度过的人身上，而且该人之前一直被视为公司的超级明星，除了出色的表现外没有其他任何瑕疵。仔细思索，很显然西蒙妮从来没有机会受培训并被培养成其他人的领导者和培训师。在她的职业生涯中，她因为能够完成不同的、备受关注的任务而受到奖励，但她在选择、发展、留住、激励和鼓舞团队方面的能力从来没有被评估过。当她成为执行副总裁时，她几乎没有经受过成为一名领导者的考验，而当她被提拔到领导岗位，组建团队和领导员工成为她最主要的一部分工作，同时也变成公司期望她贡献的东西。

如果西蒙妮能够洞察到新工作的要求，包括她目前作为一名高管和新任领导者需要的技巧和能力，她可能会对团队所需要的员工有不同的想法。如果她能花点儿时间评估和明确自己的不足之处，甚至只要是能够使用可能有助于发现这些不足的工具，她就会认识到自己作为领导者的需求。西蒙妮在选择团队成员时使用的标准与她在大学校园招聘中使用的标准相同，这是个错误。

她选择了优秀的“战士”或者执行者，这些人就像她自己一样，作为个人贡献者，能够完成工作。但她需要的是那些有创造力、自我激励型的、能够在没有太多指导的情况下执行工作的人。她的团队需要战略思考者，他们能够提出解决方案，并将其应用到他们以前从未做过的工作中。

如果你像西蒙妮那样，接受了一个新设职位，你必须认识到，没有人真正知道最终的成绩单会是什么样子。你必须通过自己的贡献来决定成绩单长什么样。这意味着你要组建的团队成员必须能够随机应变、见招拆招，而不是那些只擅长完成既定任务的人。

如果西蒙妮拥有领导者所需要的洞察力，她就应该根据自己作为领导者的优势和劣势来考虑所需要的员工。与其寻找像她自己一样善于完成任务、具有执行力的人，不如在面试应聘者时，考察他们是否足智多谋，是否有独立学习和自主学习的意愿和能力，是否有自主工作的能力。西蒙妮应该要求应聘者举例说明他们之前主动将项目推进到下一步的经验，以及他们如何应对挫折和挑战、如何表现出韧性。

相反，西蒙妮聘用了反射出她自身能力的人。就像她作为个人贡献者所表现出的那样，他们在服从和执行指令方面非常出色。然而，当她不能清楚明确地给出接下来的步骤、给出具体的指令，或者能够向他们解释她所提要求的大背景时，她的团队成员就会迷失，不知道该如何执行。然后，她不能引导、纠正局面，反而指责他们在工作上的无能。而同时，团队成员也责怪西蒙妮没有能力提供足够的指导，指责她的严苛和强词夺理。她一个接一个地失去了自己的团队成员，这迫使她重建团队，削弱了该团队向公司交付成果的能力。最终，西蒙妮在领导团队方面的无能对她的职业轨迹和领导声誉产生了重大影响。

正如我们在本书前面讨论过的，许多杰出的个人贡献者，在登上领导岗位时，并没有一个关于如何去管理、指导和带领团队的策略。当你有机会担任领导职务时，这是一个停下来思考如何看待自己的领导者角色的好时机。你擅长什么？你的优势是什么？你的弱点和软肋有哪些？

领导力宝石：

知道你擅长什么，并和团队成员一起，借助他们的技能弥补你的不足之处。

你可能会使用当今市场上许多领导力评估工具中的一种，或者

考虑与你的导师进行一次坦诚的对话，请他给你反馈，包括好的、坏的和丑陋的。他们可以让你深入了解这些年来你是如何展示领导技能的，你是如何成长为一名领导者的，或者还有哪些地方你需要解决和提升。

当你不知道自己是什么样的领导者时，当你不了解自己的差距和成长的机会时，当你缺乏改变和调整领导风格的能力时，在招聘和雇用团队上，你很容易做出错误的选择。如果你不知道自己是谁，你就会选择错误的员工类型，错失你的团队需要有的技能。

记住：如果你的目标是成为一名强大、有感染力、有影响力的领导者，你必须了解并有能力领导个性和工作风格各异的人。如果你选择的团队能与你及你的工作风格互补，而不是相仿，你会获得更大的成功。我们在本书前面讨论过，当你登上领导岗位时，并不总是有机会选择团队，但如果你正好有机会这么做，你对自己和下属的洞察将会非常有帮助。

即使你擅长读懂和评估他人，也很容易忽略潜在员工的一个重要考虑因素。有时候，人们必须在合适的环境、遇到合适的项目或者与合适的领导一起工作，你才能真正看出他们擅长做什么。我见过许多职场人在他们的职业生涯中艰难跋涉了很多年，忽然有一天，当遇到合适的机会和对的领导，他们真的开始发光了。当你为团队挑选人才时，仔细地在你的组织中寻找那些可能没有机会接受有挑战性的、引人注目的任务的人。如果你是一位会鼓舞人、公正、能够激励员工的领导者，你可能就是那个发掘出公司下一个超级明星的人。

作为一个有洞察力的领导者，在招聘团队时，尤其是在面试内部候选人时，你一定要考虑候选人曾经为谁工作过，他们有过什么样的机会以及他们是否接受过具有挑战性的“延伸”任务。他们是否被赋予了重要的职责或机会来证明他们能够激励和留住员工。

这些都是有用的线索，有助于你了解自己所选择的团队成员是否具有创新能力，是否支持和激励他人也这么做，是否能够为建立一个人们愿意在里面工作、学习和留任的环境而做出贡献。今天的领导者不仅需要更多地负责让员工执行计划，还要负责留住最优秀的人才。这只有通过积极融入团队、对团队进行培训和指导才能实现。

作为一名领导者，在培养自己的洞察力时，你必须把你所学到的传授给你有责任培养的未来领导者。你作为领导者的工作是确保你的员工拥有技术、财务和人力资源，让他们出色地完成工作，表现出类拔萃。与此同时，你有责任授权给他们，让他们做决策，并教他们如何前进、调整方向和有所产出。

领导力宝石：

你选择加入你团队的人，将会成为你领导成就的一部分。

洞察力包括在一个项目或方向的更大背景下理解因果关系。作为领导者，你的一部分工作就是洞悉为什么某些事情会发生，以及可以做些什么来产生不同的结果……其作用是为了解决问题。在我们这个快节奏竞争的世界，优秀的领导者有能力观察竞争对手在做什么，透过他们所拥有的资源的背景理解他们的动机，对竞争对手的下一步行动做出预测。有洞察力的领导者会尝试从当前发生的事情再往前多跨两三步，投入公司的资源以跟上竞争节奏，乃至在竞

争中脱颖而出。

监管是将注意力集中在当前的战略执行情况；洞察则是要规划和推动未来。监管的重点是跟上竞争的步伐；洞察则是明确行业中未来的竞争要素，并确定能够为公司提供经营杠杆的技术进步。

辛克莱是一所小型文理学院的校长，该学院以生物、化学和科学研究的本科教育而著称。随着高等教育的成本以两位数的速度增长，许多小型学院的学生人数都在下降，辛克莱的学院也不例外。她的学生主要来自外州。学生们追求的是从这所在科学方面享有盛誉的美国顶尖学校之一获得高含金量的本科学位。许多学生基本上也是第一代移民的子女，对他们来说，在决定去哪里就读时，成本是一个关键考虑因素。

利用新的先进技术，辛克莱有机会将学院的许多课程从线下课堂转移到线上平台。学院的许多教授都非常愿意利用这项技术来开展虚拟教学，这将大大降低学生上课的成本。

辛克莱强烈地感觉到，学生们更喜欢住宿舍、吃食堂、参加体育活动、社团活动和其他校园活动的完整校园体验。虽然对一些学生来说确实如此，但越来越多的学生希望上在线课程，以降低为获得学位而参加 4~5 年大学课程的总成本。

然而，辛克莱不相信会有足够多的学生想上在线课程。因此，她没有投入任何知识和经验资源来考虑完全在线或混合（部分线上和部分线下）的课堂体验对学生来说会是什么样的。她也没有考虑学校如何利用资源或使用虚拟实景在距离学生家庭 20 英里[①] 范围内创造体验的可能性。

① 1 英里 =1609.344 米。

接着新冠疫情在全球蔓延。像全国各地的许多工人一样，学生们被迫在家待了一年。已经投资在线学习的学院和大学迅速转向扩大课程容量，其他机构也开始为学生提供虚拟校园体验。有规模的学校迅速降低了部分课程的价格，从而迎来了大量学生的涌入。许多教授寻求加入那些能够灵活地以虚拟方式教授很多甚至全部课程的学院和大学。没有在技术上投资的学校，包括辛克莱的学院，无法迅速转变以吸引学生。事实上，辛克莱的学校将大量学生拱手让给了竞争对手。虽然竞争对手没有同样的声誉，但他们对未来大学体验的洞察使他们在竞争中处于领先地位，通过在技术上的大量投资，他们能够为学生提供卓越的虚拟体验。

洞察力推动领导者进行创新，并做出有关建设未来的决策，而不是只专注于维持现状。洞察力帮助领导者决定合适的合作伙伴和资源，他们可以利用这些伙伴和资源来提高市场份额，超越竞争对手。

当今世界充满活力的创新将持续推动我们所有人更快地前进。培养对世界需要哪种创新的敏锐洞察力将是你成为强大领导者的关键。

最后的思考

世界比以往任何时候都发展得更快。新冠疫情危机是我一生中所见真正的全球性危机之一，世界各地的人们都受到影响。职场人有机会重新思考他们的职业和工作的价值顺位。在许多情况下，雇主和员工之间的“信任”因素已经被重新定义，混合办公模式已经出现。

即使在这次疫情之前，不同出生年代的劳动力人口的交替本身就要求一种不同的领导方式，一种更投入、更有同理心、更平等的领导方式。人口结构的变化要求一定限度的公平和透明，坦白说，目前的职场环境还没有为这个做好准备。

在所有这些变化中当领导是有挑战的。无论你是一个全球性的、跨国公司的领导者，还是刚刚创立自己的公司，如果你带着决心和战略前进，我相信这本书中的“珍珠”将帮助你成为一个更强大、更有感染力、更有影响力的领导者——一个能引领制胜的人！

致 谢

我自2018年开始有了创作这本书的灵感，当时我正对自己在华尔街三十多年的经历进行复盘，回顾我遇到过、观察过和向他们学习过的领导者。我也回忆了那些和我一起长期共事的职场人，他们——千禧一代——正迅速成为劳动力市场的主力。当我倾听他们的想法、为他们克服挑战提供建议时，我意识到他们对工作环境的期望非常不同，与他们的上司对工作环境的期望不同，与我刚参加工作时的期望也不同。我突然灵光乍现，意识到在今天的职场，需要一种不同类型的领导者来管理和领导这些职场人和新生领导者。我还意识到，我已经形成了自己关于有效领导的思考，这是我在职业生涯中，通过研究有效领导者和不那么有效的领导者而点点滴滴收集起来的，这一思考视角正好适用于我们今天所处的环境——《领导者成长的8个阶梯》就这样诞生了。

像以往一样，我要感谢我出色的经纪人芭芭拉·洛温斯坦（Barbara Lowenstein），她温柔而有效地督促我写作，即使我认为我该说的话都说了。谢谢你，芭芭拉，你将时机掌握得恰到好处。

我感谢我的写作顾问凯莉·塔布朗（Kellie Tabron），她总是随时补充、编辑，提出新的问题、想法并进行校正。凯莉，与你一起写作和工作总是很开心！我可以说我们再来一次吗?

卡罗琳·萨顿（Caroline Sutton），再次感谢你相信我工作的重要性，并给予我有史以来最好的赞美！我喜欢与你一起工作，喜欢你“直来直去，不兜圈子”的风格。你是一位深得我心的女子。我们彼此相识已经几十年了，很庆幸有些事情不会改变，对此我深表感激！

娜塔莎·索托（Natasha Soto），卡拉团队的最新成员，欢迎加入！谢谢你的勤奋和帮助，让这项工作最终完成。

卡尔·亨特（Cal Hunter），从《期望取胜》这本书开始，你就是我的商业“同案犯”！感谢你用你的专业经验帮助我达成《期望取胜》和《战略取胜》这两本书在巴诺书店（Barnes & Noble）的成功销售以及其他更大意义上的成功。我还要感谢你将我介绍给你的杰出搭档吉米·杜（Jimmy Tu）。没有比你们这对更好的组合了，能够举重若轻地完成不可能的任务。感谢你们！

我感谢我所有的学员，感谢来听我演讲的人，感谢那些在社交媒体上和我交流的人，感谢今天坐在领导岗位上的领导者。你们与我分享职业中所面临的挑战的勇气启发了我写作这本书，我对你们所做的一切表示敬意。我希望我能让你们感到骄傲。

我心中的头号人物维克多·富兰克林（Victor Franklin），谢谢你的支持。我感激你，珍惜有你。

《期望取胜》和《战略取胜》的热心读者，感谢你们花时间阅读这些作品，感谢你们与他人分享书中的“珍珠”，感谢你们的支持。没有你们就没有这本书。

世界知名咨询公司光辉国际首席执行官重磅作品。聚焦把危机视为新常态的心智模式和思考技术，助力企业打造超高逆商，在穿越迷雾后走向成功。

ISBN：978-7-5043-9008-0
定价：65.00 元

享誉世界的领导力和人际关系大师麦克斯韦尔最新力作。对于在危急时刻如何带领团队走出困境，给出全面、客观、实用的解答和指导。

ISBN：978-7-5043-9076-9
定价：59.00 元

前美国公开演讲冠军、领导力专家的智慧总结。全面解读语言艺术如何提升领导力及团队绩效，并最终影响企业命运。

ISBN：978-7-5043-9021-9
定价：59.00 元

科技与领导力的完美融合
才能帮助企业完成数字化的全面转型

ISBN：978-7-5043-9156-8
定价：59.00 元

拥有磨炼自己、建立信任、携领他人、指引、多样性、创新、包容和话语权的品质才能成为强大、有影响力的领导者

ISBN：978-7-5043-9151-3
定价：79.00 元

作为一名顾问，我最大的优势在于无知，并且提出一些问题。
—— 彼得 · 德鲁克

ISBN：978-7-5043-9113-1
定价：79.00 元